필승합격 일본어능력시험

N3 한자 350

아스크출판 편집부 저

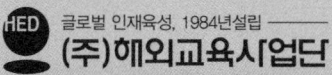
글로벌 인재육성, 1984년설립
(주)해외교육사업단

머리말

일본어 학습자의 가장 큰 어려움은 한자 공부라고 합니다. 어느 학자는 일본어의 70%가 한자어라고 말합니다. 한국어도 우리가 인식하지 못하지만, 실제 한자어가 차지하는 비중은 비슷합니다. 한국의 초·중·고등학교에서 한자 수업 시간이 적기 때문에 한자를 보아도 읽거나 의미를 이해하기 어렵습니다. 하지만 한국어로 읽고 이해한다면 일본어로 읽을 수는 없더라도 그 한자의 뜻을 이해할 수 있기 때문에 그만큼 일본어는 쉽게 느껴질 것입니다.

이 책은 학습자의 레벨에 맞추어 단계적으로 학습해 간다는 전제아래 일본에서 편집된 내용을 한국어판으로 다시 편집한 것입니다. 한국어판 편집에 따른 이 책의 특징을 간략히 설명합니다.

1. 한국어 한자의 읽기를 병기하여 친밀감을 추가

일본어판 편집에 근거하여 해외교육사업단에서는 한국어로 해당 한자의 뜻과 읽기를 추가하였습니다. 한 글자에 하나 또는 두개의 뜻과 읽기가 있는 것을 알기 쉽게 한글로 표기하였습니다. 또한 신자체로 된 일본어 한자와 구자체로 된 한국어 한자는 그 모양이 서로 조금 다른 경우도 있습니다. 그러한 경우에는 한국어 한자인 구자체를 추가하였습니다.

2. 한자의 읽기와 듣기의 동시 학습이 가능

이 책에 수록된 모든 한자에 대해서는 각 챕터 별로 한자의 단어를 읽은 음성 파일을 제공합니다. 눈으로 보면서 귀로 듣는 행위는 기억력을 향상시켜 줍니다. PC로도 접속이 가능하지만, 모바일로 접속하여 휴대가 편리한 작은 사이즈의 이 책을 보면서 어디서든 집중 학습이 가능합니다.

3. 한자 쓰기 순서도 자연스레 익힌다

한자를 배우는 초보 단계에서부터 쓰기를 연습하면 더욱 확실하게 한자를 암기할 수 있습니다. 그러나 대부분의 학습자는 쓰기에 대해 시간 상의 여유가 없다거나 쓰는 행위를 귀찮아 합니다. 하지만 이 책에서는 한자의 쓰는 순서에 따라 인쇄가 되어 있으므로 눈으로 확인하는 것만으로도 쓰는 학습 효과를 얻을 수 있습니다. 손으로 쓰지 못해도 눈으로 쓴다고 생각하면서 이미지 필기를 하시면 됩니다. 또한 한 칸에 한 획 씩 추가되므로 칸 수로 획수도 계산됩니다.

4.학습 진도에 따라 온라인으로 확인 테스트

각 챕터의 학습이 끝나면 스스로의 학습 내용을 체크하는 <확인 테스트>를 온라인으로 또는 PDF로도 할 수 있습니다. 각 챕터 별로 40문제가 제공되므로 총 280문제가 제공됩니다. 문제를 풀고 자신의 점수를 확인할 수 있으며 정답보기를 누르면 모든 문제의 정답이 보이고 오답과 정답을 체크해 줍니다.

5. 암기용 셀로판지를 제공

이 책의 수록 내용을 암기하려면 셀로판지를 이용하여 빨간색으로 표기된 음독, 훈독, 가나읽기 부분을 감추고 학습하는 것이 좋습니다. 처음에는 빨간색 글자를 보면서 학습하고 복습을 할 때에는 셀로판지를 대고 빨간색 부분을 읽을 수 있는지 확인해 보시기 바랍니다.

6.학습계획표를 알려 드립니다.

이 책은 N5, N4 한자의 확인 리스트 외에 7개의 챕터로 구성되어 있습니다. 개인차가 있을 수 있지만, 1개 챕터에 50개의 한자가 있으므로 대략적으로 한 주에 한 챕터 씩을 공부한다면 약 2개월 정도에 이 책 한권을 마스터하도록 학습계획표를 작성할 것을 권해 드립니다. 열심히 하는 분은 한 주에 2개 챕터로 1개월에 마스터하는 것도 가능할 것입니다.

다음 페이지의 학습계획표를 참조해 주십시오.

[필승합격일본어능력시험 N3 한자 350 학습계획표]

학습기간	Week01	Week02	Week03
한자 번호	N5 한자 확인 리스트	N4 한자 확인 리스트	N3 한자 001~048
페이지	11~18	19~32	33~50
온라인 테스트	-	-	/40
학습기간	Week04	Week05	Week06
한자 번호	N3 한자 049~102	N3 한자 103~150	N3 한자 151~198
페이지	51~70	71~88	89~106
온라인 테스트	/40	/40	/40
학습기간	Week07	Week08	Week09
한자 번호	N3 한자 199~252	N3 한자 253~300	N3 한자 301~350
페이지	107~126	127~144	145~163
온라인 테스트	/40	/40	/40

   이 외에도 시험에 나오는 1400개의 어휘를 수록하는 한편, 학습 효과를 도모하는 세련된 편집 레이아웃이 바탕에 깔려 있습니다. 여러분의 학습에 큰 도움이 되기를 바랍니다.

해외교육사업단

편저자의 말

  이 책은 일본어능력시험의 각 레벨에 대응하는 한자 시리즈의 한 권이며 N3 합격에 필요한 한자와 한자 어휘를 학습하는 책입니다.

  일본어능력시험의 공식 문제집이나 시험 참고서 등을 분석하여 N3 시험에 나오는 한자를 350자 엄선하였습니다. 또한 N3 레벨 이상이 되면 한자 어휘력의 유무로 시험 결과가 크게 좌우됩니다. 그렇기 때문에 N3 시험에 나올 가능성이 높은 어휘 약 1,400개를 수록하였습니다.

  한자의 나열 순서에 대해서는 한자의 부수가 비슷한 것들을 모아 나열하였습니다. 그리하여 차이에 주목하고 한자의 모양을 이미지화하기 쉽다고 생각할 수 있습니다.

  암기한 한자는 온라인 테스트로 복습할 수 있습니다. 한자 어휘의 정착을 도모하는 테스트 외에 JLPT 형식의 연습문제도 준비되어 있으므로 시험 준비로 이어집니다. 또한 모든 한자 단어의 읽기는 음성파일로 제공되므로 듣고 암기하는 학습 방법도 이용이 가능합니다.

  N5와 N4 레벨의 한자 확인 리스트도 준비되어 있습니다. 우선 N3 보다 아래 레벨의 한자가 복습되었는지 체크한 후 N3 한자의 학습에 들어가 주십시오.

  이 책은 컴팩트한 판형이므로 들고 다니기 편리하여 자투리 시간을 이용한 한자 학습이 가능합니다. 이 책으로 한자를 공부하는 여러분이 시험에 합격할 수 있도록 진심으로 기원합니다.

아스크출판사 편집부

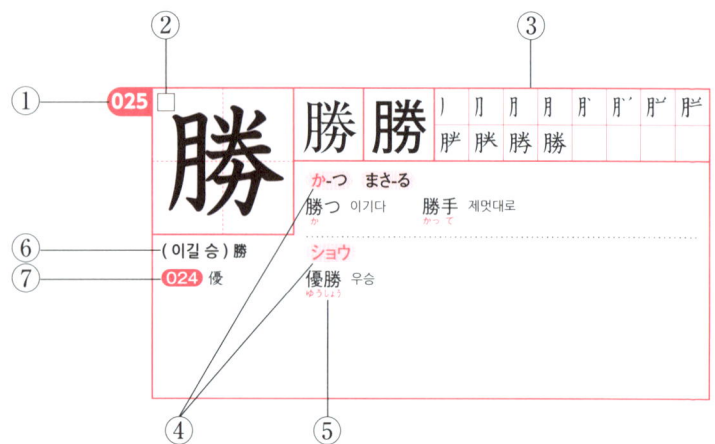

이 책의 사용법

① 한자의 번호입니다.
② 체크박스입니다. 암기한 후 체크를 합시다.
③ 한자의 쓰는 순서입니다. 책을 보면서 종이 등에 써서 연습합시다.
④ 한자의 훈독과 음독입니다. 훈독은 히라가나로, 음독은 가타카나로 표기되어 있습니다. 또한 N3의 단계에서 암기해야 하는 읽기는 빨간색입니다. 검은색 부분은 상위 레벨에서 다루는 것이지만 스스로 사전을 찾거나 하여 공부하는 것도 좋습니다. 또는 학습의 진도를 나가기 위한 방법으로서 빨간색 부분만 암기하고 검은색은 무시하여도 좋습니다.
⑤ 어휘의 읽기입니다. 대상 한자를 사용한 N3 시험에 나올 가능성이 높은 어휘를 철저하게 골라냈습니다. 일본어능력시험에는 한자가 어휘에 포함되는 형태로 출제되므로 한자 공부를 한 후에 어휘도 암기합시다. 암기해야하는 읽기는 빨간색입니다. 소리를 내어 읽고 연습합시다. 또한 음성으로도 듣고 암기합시다.
⑥ 해당 한자의 한국에서의 읽는 법을 제시하고 한국식 한자 표기가 별도로 있는 경우에는 그것을 구자체로 제시하였습니다.
⑦ 이 어휘에 포함되고 이 책의 350자에도 포함되는 관련 한자의 번호입니다.

음성파일 이용 가이드

STEP1

각 챕터 마지막 페이지에 QR코드가 있으므로 휴대 단말기(스마트폰이나 태블릿)로 읽어주십시오.
※PC로 접속할 시에는 URL을 입력합니다.

STEP2

QR코드를 읽으면 「필승합격 일본어능력시험 시리즈 자료실」로 이동합니다. 좌측 상단의 「필승합격 JLPT 한자」를 클릭하면 해당 도서의 자료가 있는 곳으로 이동합니다.

자신이 해당하는 레벨의 「음성파일 다운로드」를 클릭하여 음성파일을 다운로드 합니다.

STEP3

자신이 듣고 싶은 챕터의 음성파일을 선택하여 듣습니다.
※음성파일은 각 챕터별로 나뉘어져 있으며 해당 챕터에 속한 한자어 단어를 읽은 음성입니다.
※각 단어 사이의 정지 구간은 매우 짧으므로 챕터를 전체적으로 듣는 것을 추천합니다.

온라인 테스트 이용 가이드

STEP1

각 챕터 마지막 페이지에 QR코드가 있으므로 휴대 단말기(스마트폰이나 태블릿)로 읽어 주십시오.
※PC로 접속할 시에는 URL을 입력합니다.

STEP2

QR코드를 읽으면 「필승합격 일본어능력시험 시리즈 자료실」로 이동합니다. 좌측 상단의 「필승합격 JLPT 한자」를 클릭하면 해당 도서의 자료가 있는 곳으로 이동합니다.

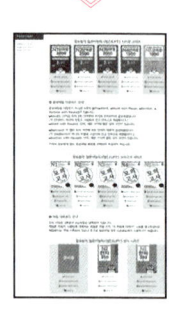

STEP3

자신이 해당하는 레벨의 「온라인 테스트」를 클릭합니다.

STEP4

복습하고자 하는 챕터를 선택하여 자신의 실력을 확인합니다.

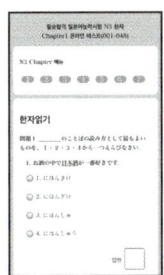

STEP5

문제를 다 푼 후「점수」버튼을 누르면 채점된 결과가 나옵니다. 자신이 제출한 답안에서 정답은 빨간색, 오답은 파란색으로 표시됩니다.「정답보기」를 누르면 모든 문제의 정답이 보입니다.

※테스트는 몇 번이고 다시 풀어볼 수 있습니다.
※해당 테스트는 PDF파일로도 제공됩니다.

목차

머리말 ··· 2

편저자의 말 ··· 5

이 책의 사용법 ·· 6

음성파일 이용 가이드 ·· 7

온라인 테스트 이용 가이드 ·· 8

N5한자　확인 리스트 ··· 11

N4한자　확인 리스트 ··· 19

N3한자　001 ~ 048 ·· 33

N3한자　049 ~ 102 ·· 51

N3한자　103 ~ 150 ·· 71

N3한자　151 ~ 198 ·· 89

N3한자　199 ~ 252 ··· 107

N3한자　253 ~ 300 ··· 127

N3한자　301 ~ 350 ··· 145

50음순 색인 ·· 164

N5한자 확인 리스트

N5한자	훈독	음독
☐ 一 한 일	ひと ひと-つ	イチ イツ
☐ 二 두 이	ふた ふた-つ	ニ
☐ 三 석 삼	み み-つ みっ-つ	サン
☐ 四 넉 사	よ よ-つ よっ-つ よん	シ
☐ 五 다섯 오	いつ いつ-つ	ゴ
☐ 六 여섯 육	む む-つ むっ-つ むい	ロク
☐ 七 일곱 칠	なな なな-つ なの	シチ

N5한자	훈독	음독
☐ 八 여덟 팔	や や-つ やっ-つ よう	ハチ
☐ 九 아홉 구	ここの ここの-つ	キュウ ク
☐ 十 열 십	とお と	ジュウ ジュッ ジッ
☐ 百 일백 백		ヒャク
☐ 千 일천 천	ち	セン
☐ 万 일만 만		マン バン
☐ 円 둥글 원	まる-い	エン

N5 한자

N5한자	훈독	음독
白 흰 백	しろ しろ-い しら	ハク ビャク
日 날 일	ひ か	ニチ ジツ
月 달 월	つき	ガツ ゲツ
火 불 화	ひ ほ	カ
水 물 수	みず	スイ
木 나무 목	き こ	モク ボク
金 쇠 금	かね かな	キン コン
土 흙 토	つち	ド ト

N5한자	훈독	음독
天 하늘 천	あま あめ	テン
気 기운 기		キ ケ
空 빌 공	そら あ-ける あ-く から	クウ
雨 비 우	あめ あま	ウ
花 꽃 화	はな	カ
山 뫼 산	やま	サン
川 내 천	かわ	セン
人 사람 인	ひと	ジン ニン

N5한자	훈독	음독
男 사내 남	おとこ	ダン ナン
女 계집 녀	おんな め	ジョ ニョ ニョウ
父 아버지 부	ちち	フ
母 어머니 모	はは	ボ
子 아들 자	こ	シ ス
友 벗 우	とも	ユウ
先 먼저 선	さき	セン

N5한자	훈독	음독
生 날 생	い-きる い-かす い-ける う-む う-まれる お-う は-やす は-える き なま	セイ ショウ
学 배울 학	まな-ぶ	ガク
校 학교 교		コウ
会 모일 회	あ-う	カイ エ
社 모일 사	やしろ	シャ
店 가게 점	みせ	テン

N5 한자

N5한자	훈독	음독
電 번개 전		デン
車 수레 차	くるま	シャ
口 입 구	くち	コウ ク
目 눈 목	め ま	モク ボク
耳 귀 이	みみ	ジ
手 손 수	て た	シュ
足 발 족	あし た-りる た-る た-す	ソク

N5한자	훈독	음독
何 어찌 하	なに なん	カ
時 때 시	とき	ジ
間 사이 간	あいだ ま	カン ケン
分 나눌 분	わ-ける わ-かれる わ-かる わ-かつ	フン ブン ブ
今 이제 금	いま	コン キン
年 해 년	とし	ネン
去 갈 거	さ-る	キョ コ

N5한자	훈독	음독
半 반 반	なか-ば	ハン
午 낮 오		ゴ
牛 소 우	うし	ギュウ
犬 개 견	いぬ	ケン
魚 물고기 어	さかな うお	ギョ
本 근본 본	もと	ホン
名 이름 명	な	メイ ミョウ

N5한자	훈독	음독
上 위 상	うえ うわ かみ あ-げる あ-がる のぼ-せる のぼ-る のぼ-す	ジョウ ショウ
下 아래 하	した しも もと さ-げる さ-がる くだ-す くだ-る くだ-さる お-ろす お-りる	カ ゲ
左 왼 좌	ひだり	サ
右 오른쪽 우	みぎ	ウ ユウ
中 가운데 중	なか	チュウ ジュウ

N5 한자

N5한자	훈독	음독
外 바깥 외	そと ほか はず-す はず-れる	ガイ ゲ
前 앞 전	まえ	ゼン
後 뒤 후	あと うし-ろ のち おく-れる	ゴ コウ
東 동녘 동	ひがし	トウ
西 서녘 서	にし	セイ サイ
南 남녘 남	みなみ	ナン ナ
北 북녘 북	きた	ホク

N5한자	훈독	음독
大 큰 대	おお おお-きい おお-いに	ダイ タイ
小 작을 소	ちい-さい こ お	ショウ
多 많을 다	おお-い	タ
少 적을 소	すく-ない すこ-し	ショウ
高 높을 고	たか-い たか たか-める たか-まる	コウ
安 편안 안	やす-い	アン
新 새 신	あたら-しい あら-た にい	シン

N5한자	훈독	음독
古 옛 고	ふる-い ふる-す	コ
長 긴 장	なが-い	チョウ
行 다닐 행	い-く ゆ-く おこな-う	コウ ギョウ アン
来 올 래	く-る きた-る きた-す	ライ
入 들 입	い-れる はい-る い-る	ニュウ
出 날 출	だ-す で-る	シュツ スイ
立 설 입	た-てる た-つ	リツ リュウ

N5한자	훈독	음독
休 쉴 휴	やす-む やす-める やす-まる	キュウ
見 볼 견	み-る み-える み-せる	ケン
聞 들을 문	き-く き-こえる	ブン モン
言 말씀 언	い-う こと	ゲン ゴン
話 말할 화	はな-す はなし	ワ
食 밥 식	た-べる く-う く-らう	ショク ジキ
飲 마실 음	の-む	イン

N5 한자

N5한자	훈독	음독
買 살 매	か-う	バイ
読 읽을 독	よ-む	ドク トク トウ
書 글 서	か-く	ショ

N4한자 확인 리스트

N4한자	훈독	음독
兄 형 형	あに	キョウ ケイ
弟 아우 제	おとうと	ダイ テイ デ
姉 윗누이 자	あね	シ
妹 누이 매	いもうと	マイ
親 친할 친	おや した-しい した-しむ	シン
朝 아침 조	あさ	チョウ
昼 낮 주	ひる	チュウ

N4한자	훈독	음독
夕 저녁 석	ゆう	セキ
夜 밤 야	よる よ	ヤ
春 봄 춘	はる	シュン
夏 여름 하	なつ	カ ゲ
秋 가을 추	あき	シュウ
冬 겨울 동	ふゆ	トウ
色 빛 색	いろ	ショク シキ

N4한자	훈독	음독
赤 붉을 적	あか あか-い あか-らめる あか-らむ	セキ シャク
青 푸를 청	あお あお-い	セイ ショウ
黒 먹 물	くろ くろ-い	コク
寺 절 사	てら	ジ
持 가질 지	も-つ	ジ
待 기다릴 대	ま-つ	タイ
代 대신할 대	か-わる か-える よ しろ	ダイ タイ
仕 섬길 사	つか-える	シ ジ

N4한자	훈독	음독
住 살 주	す-む す-まう	ジュウ
作 지을 작	つく-る	サク サ
体 몸 체	からだ	タイ テイ
低 낮을 저	ひく-い ひく-める ひく-まる	テイ
使 부릴 사	つか-う	シ
便 편할 편	たよ-り	ベン ビン
借 빌릴 차	か-りる	シャク
働 굼닐 동	はたら-く	ドウ

N4한자	훈독	음독
動 움직일 동	うご-かす うご-く	ドウ
次 버금 차	つ-ぐ つぎ	ジ シ
池 연못 지	いけ	チ
海 바다 해	うみ	カイ
洋 큰 바다 양		ヨウ
法 법 법		ホウ ホッ ハッ
注 부을 주	そそ-ぐ	チュウ
洗 씻을 세	あら-う	セン

N4한자	훈독	음독
漢 한수 한		カン
字 글자 자	あざ	ジ
究 연구할 구	きわ-める	キュウ
室 집 실	むろ	シツ
家 집 가	いえ や	カ ケ
寒 찰 한	さむ-い	カン
写 베낄 사	うつ-す うつ-る	シャ
元 으뜸 원	もと	ゲン ガン

N4한자	훈독	음독
光 빛 광	ひか-る ひかり	コウ
売 팔 매	う-る う-れる	バイ
発 쏠 발		ハツ ホツ
文 글월 문	ふみ	ブン モン
主 임금 주	おも ぬし	シュ ス
市 저자 시	いち	シ
京 서울 경		キョウ ケイ

N4한자	훈독	음독
交 사귈 교	まじ-える まじ-わる ま-ぜる ま-ざる ま-じる か-わす か-う	コウ
広 넓을 광	ひろ-い ひろ-げる ひろ-がる ひろ-める ひろ-まる	コウ
度 법도 도	たび	ド ト タク
危 위태할 위	あぶ-ない あや-うい あや-ぶむ	キ
険 험할 험	けわ-しい	ケン
院 집 원		イン
部 떼 부		ブ

N4한자	훈독	음독
都 도읍 도	みやこ	ト ツ
病 병들 병	や-む やまい	ビョウ ヘイ
疲 피곤할 피	つか-れる	ヒ
虫 벌레 충	むし	チュウ
風 바람 풍	かぜ かざ	フウ フ
石 돌 석	いし	セキ シャク コク
岩 바위 암	いわ	ガン
研 갈 연	と-ぐ	ケン

N4한자	훈독	음독
田 밭 전	た	デン
町 밭두둑 정	まち	チョウ
界 경계 계		カイ
番 차례 번		バン
画 그림 화		ガ カク
止 그칠 지	と-める と-まる	シ
正 바를 정	ただ-しい ただ-す まさ	セイ ショウ
自 스스로 자	みずか-ら	ジ シ

N4한자	훈독	음독
首 머리 수	くび	シュ
有 있을 유	あ-る	ユウ / ウ
事 일 사	こと	ジ / ズ
力 힘 력	ちから	リョク / リキ
所 바 소	ところ	ショ
工 장인 공		コウ / ク
不 아닐 부		フ / ブ
太 클 태	ふと-い / ふと-る	タイ / タ

N4한자	훈독	음독
切 끊을 절	き-る / き-れる	セツ / サイ
地 땅 지		チ / ジ
場 마당 장	ば	ジョウ
帰 돌아갈 귀	かえ-る / かえ-す	キ
銀 은 은		ギン
理 다스릴 리		リ
野 들 야	の	ヤ
菜 나물 채	な	サイ

N4한자	훈독	음독
英 꽃부리 영		エイ
茶 차 차		チャ サ
薬 약 약	くすり	ヤク
楽 즐길 락	たの-しい たの-しむ	ガク ラク
公 공평할 공	おおやけ	コウ
合 합할 합	あ-う あ-わす あ-わせる	ゴウ ガッ カッ
答 대답 답	こた-える こた-え	トウ
台 대 대		タイ ダイ

N4한자	훈독	음독
始 비로소 시	はじ-める はじ-まる	シ
好 좋을 호	す-く この-む	コウ
米 쌀 미	こめ	ベイ マイ
料 헤아릴 료		リョウ
科 과목 과		カ
私 사사 사	わたし わたくし	シ
村 마을 촌	むら	ソン
林 수풀 림	はやし	リン

N4 한자

N4한자	훈독	음독
森 수풀 삼	もり	シン
紙 종이 지	かみ	シ
終 마칠 종	お-わる お-える	シュウ
教 가르칠 교	おし-える おそ-わる	キョウ
歌 노래 가	うた うた-う	カ
毎 매양 매		マイ
方 모 방	かた	ホウ
旅 나그네 려	たび	リョ

N4한자	훈독	음독
族 겨레 족		ゾク
物 물건 물	もの	ブツ モツ
特 특별할 특		トク
別 다를 별	わか-れる	ベツ
利 이로울 이	き-く	リ
知 알 지	し-る	チ
短 짧을 단	みじか-い	タン
頭 머리 두	あたま かしら	ズ トウ ト

N4한자	훈독	음독
顔 얼굴 안	かお	ガン
品 물건 품	しな	ヒン
味 맛 미	あじ あじ-わう	ミ
映 비칠 영	うつ-す うつ-る は-える	エイ
明 밝을 명	あか-るい あか-らむ あ-かり あき-らか あ-ける あ-く あ-かす	メイ ミョウ
暗 어두울 암	くら-い	アン
曜 뙬 약		ヨウ

N4한자	훈독	음독
飯 밥 반	めし	ハン
館 집 관	やかた	カン
計 셀 계	はか-る はか-らう	ケイ
試 시험 시	ため-す こころ-みる	シ
語 말씀 어	かた-る かた-らう	ゴ
説 말씀 설	と-く	セツ ゼイ
駅 역 역		エキ
験 시험 험		ケン ゲン

N4한자	훈독	음독
門 문 문	かど	モン
問 물을 문	と-う と-い とん	モン
開 열 개	あ-ける あ-く ひら-ける ひら-く	カイ
肉 고기 육		ニク
用 쓸 용	もち-いる	ヨウ
同 같을 동	おな-じ	ドウ
回 돌아올 회	まわ-す まわ-る	カイ エ
図 그림 도	はか-る	ズ ト

N4한자	훈독	음독
国 나라 국	くに	コク
園 동산 원	その	エン
世 인간 세	よ	セ セイ
区 구역 구		ク
医 의원 의		イ
者 사람 자	もの	シャ
暑 더울 서	あつ-い	ショ
習 익힐 습	なら-う	シュウ

N4한자	훈독	음독
着 붙을 착	き-る き-せる つ-く つ-ける	チャク ジャク
早 이를 조	はや-い はや-める はや-まる	ソウ サッ
員 인원 원		イン
真 참 진	ま	シン
貸 빌릴 대	か-す	タイ
乗 탈 승	の-せる の-る	ジョウ
集 모을 집	あつ-める あつ-まる つど-う	シュウ
業 업 업	わざ	ギョウ ゴウ

N4한자	훈독	음독
返 돌이킬 반	かえ-す かえ-る	ヘン
送 보낼 송	おく-る	ソウ
通 통할 통	かよ-う とお-す とお-る	ツウ ツ
週 돌 주		シュウ
進 나아갈 진	すす-める すす-む	シン
運 운전할 운	はこ-ぶ	ウン
道 길 도	みち	ドウ トウ
近 가까울 근	ちか-い	キン

N4한자	훈독	음독
遠 멀 원	とお-い	エン
		オン
建 세울 건	た-てる	ケン
	た-つ	コン
題 제목 제		ダイ
走 달릴 주	はし-る	ソウ
起 일어날 기	お-きる お-こす お-こる	キ
勉 힘쓸 면		ベン
以 써 이		イ
死 죽을 사	し-ぬ	シ

N4한자	훈독	음독
歩 걸음 보	ある-く あゆ-む	ホ ブ フ
考 생각할 고	かんが-える	コウ
音 소리 음	おと ね	オン イン
声 소리 성	こえ こわ	セイ ショウ
民 백성 민	たみ	ミン
屋 집 옥	や	オク
服 옷 복		フク
取 가질 취	と-る	シュ

N4한자	훈독	음독
引 끌 인	ひ-く ひ-ける	イン
強 강할 강	つよ-い つよ-める つよ-まる し-いる	キョウ ゴウ
弱 약할 약	よわ-い よわ-る よわ-める よわ-まる	ジャク
重 무거울 중	おも-い かさ-ねる かさ-なる え	ジュウ チョウ
軽 가벼울 경	かる-い かろ-やか	ケイ
転 구를 전	ころ-ぶ ころ-がす ころ-がる ころ-げる	テン
心 마음 심	こころ	シン
思 생각 사	おも-う	シ

N4한자	훈독	음독
急 급할 급	いそ-ぐ	キュウ
悪 악할 악	わる-い	アク オ
意 뜻 의		イ
島 섬 도	しま	トウ
鳥 새 조	とり	チョウ

N3 한자

001-048

001 化 **002** 他 **003** 付

001 化

(될 화)
047 温
054 暖
333 変

ノ イ 亻 化

ば-かす　ば-ける
カ　ケ

文化 문화　　変化 변화　　悪化 악화
ぶん か　　　へん か　　　あっ か

化学 화학　　温暖化 온난화
か がく　　　おんだん か

少子高齢化 저출산 고령화(소자고령화)
しょう し こう れい か

化粧 화장
け しょう

002 他

(다를 타)

ノ イ 亻 他 他

ほか
他 타　　その他 그 외/기타
ほか　　　　ほか

タ
他人 타인/남
た にん

003 付

(줄 부)
327 受

ノ イ 亻 付 付

つ-ける　つ-く

付ける 붙이다/대다　　受付 접수
つ　　　　　　　　　うけつけ

片付ける 정리하다/치우다　付く 붙다
かた づ　　　　　　　　　つ

付き合う 사귀다/같이하다　気付く 깨닫다
つ　あ　　　　　　　　　き づ

フ
添付 첨부
てん ぷ

004 任 **005** 件 **006** 伝

004

任 任 ノ 亻 仁 仟 任

まか-せる　まか-す

ニン

責任 책임　　無責任 무책임
せきにん　　　　むせきにん

責任者 책임자
せきにんしゃ

(맡길 임)
(맞을 임)
153 責
275 無

005

件 件 ノ 亻 仁 仁 件

ケン

条件 조건　　事件 사건　　件名 건명
じょうけん　　　じけん　　　　けんめい

(물건 건)
271 条

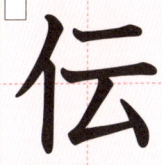

006

伝 伝 ノ 亻 仁 仁 伝

つた-える　つた-わる　つた-う

伝える 전하다　伝わる 전해지다　手伝う 돕다
つた　　　　　　つた　　　　　　　てつだ

デン

宣伝 선전
せんでん

(전할 전) 傳

007 位 **008** 供 **009** 例

007 位
(자리 위)
259 置

位 位 ／ 亻 亻' 亻亠 亻亠 位 位

くらい
イ
位置 위치
いち

008 供
(이바지할 공)

供 供 ／ 亻 亻 亻一 亻井 供 伊 供

とも　そな-える
子供 어린이/아이
こども

キョウ　ク

009 例
(법식 례)

例 例 ／ 亻 亻 亻一 伢 伢 例 例

たと-える
例えば 예를 들면
たと

レイ
例 예　　例外 예외
れい　　　れいがい

010 価 **011** 値 **012** 保

(값 가) 價
011 値

| 価 | 価 | ノ | イ | 亻 | 仁 | 仃 | 价 | 価 | 価 | **010** |

あたい

カ

価値 가치　　物価 물가
 かち　　　　 ぶっか

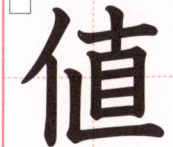

(값 치)
010 価
106 段

| 値 | 値 | ノ | イ | 亻 | 仁 | 仃 | 佔 | 佰 | 値 | **011** |
| | | 値 | 値 | | | | | | | |

ね　あたい

値段 가격/값　　値引き 할인
 ねだん　　　　　 ねび

チ

価値 가치
 かち

(지킬 보)
124 証
330 育
343 存

| 保 | 保 | ノ | イ | 亻 | 仔 | 俘 | 仔 | 保 | **012** |
| | | 保 | | | | | | | |

たも-つ

ホ

保存 보존/저장　　保証 보증　　保険 보험
 ほぞん　　　　　　ほしょう　　　 ほけん

保育園 보육원
 ほいくえん

013 信 014 係 015 倍

013 信

筆順: ノ 亻 亻 仁 仨 信 信 信

(믿을 신)
327 受

シン
信じる 믿다
しん

受信 수신　　送信 송신　　返信 회신/답장
じゅしん　　　そうしん　　　へんしん

信号 신호　　信用 신용　　自信 자신
しんごう　　　しんよう　　　じしん

014 係

筆順: ノ 亻 亻 仁 俘 侉 係 係

(맬 계)
263 関

かか-る　かかり
係り 담당/계　　係員 계원/담당자
かか　　　　　かかりいん

ケイ
関係 관계　　人間関係 인간관계
かんけい　　　にんげんかんけい

015 倍

筆順: ノ 亻 亻 仁 仁 伫 伫 倅 倍 倍

(곱 배)

バイ
倍 배
ばい

016 個 **017** 修 **018** 停

016 個

／ 亻 亻 个 佃 佃 佣 個 個 個

コ

〜個（こ） ~개

個人（こじん） 개인　　個人情報（こじんじょうほう） 개인정보

個性（こせい） 개성

(낱 개)
089 性
090 情
345 報

017 修

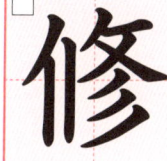

／ 亻 亻 亻 俨 俨 攸 修 修 修

おさ-める　おさ-まる

シュウ　シュ

修理（しゅうり） 수리　　研修（けんしゅう） 연수

(닦을 수)

018 停

／ 亻 亻 亻 广 庐 庐 庐 侉 侉 停

テイ

バス停（てい） 버스 정류장

停車（ていしゃ） 정차　　停電（ていでん） 정전

(머무를 정)

019 側 **020** 健 **021** 康

019 側 (곁 측)

側 側 ノ イ 仁 仃 仴 仴 俱 俱 俱 側

がわ
〜側(がわ) ~측/쪽
裏側(うらがわ) 뒤쪽/이면　外側(そとがわ) 바깥쪽

ソク

020 健 (굳셀 건)

健 健 ノ イ 仁 仨 伊 伊 伊 律 律 健 健

すこ-やか

ケン
健康(けんこう) 건강

021 康

021 康 (편안 강)

康 康 丶 亠 广 庐 庐 序 序 序 康 康

コウ
健康(けんこう) 건강

020 健

022 準 023 備 024 優

準	準	`	`	シ	シ	汁	汁	沪	泔	022
		泔	淮	進	<u>淮</u>	準				

ジュン

準備 준비
じゅんび

(준할 준)
023 備

備	備	ノ	イ	亻	亻	伊	伊	伊	023
		倘	借	備	備				

そな-える　そな-わる

ビ

準備 준비
じゅんび

(갖출 비) 備
022 準

優	優	イ	亻	亻	伊	㐁	侮	偭	024
		偭	偭	偲	偲	優	優	優	

やさ-しい　すぐ-れる

優しい 상냥하다　　優れる 뛰어나다/우수하다
やさ　　　　　　　　　　すぐ

(넉넉할 우)
(뛰어날 우)

ユウ

優勝 우승　　　優先席 우선석/노약자 보호석
ゆうしょう　　　　ゆうせんせき

025 勝
216 席

俳優 배우　　　女優 여배우
はいゆう　　　　じょゆう

41

025 勝　026 役　027 彼

025 勝

勝 勝 | ノ 月 月 月 月' 月" 胖 胖 朕 勝 勝

か-つ　まさ-る
勝つ 이기다　勝手 제멋대로

ショウ
優勝 우승

(이길 승) 勝
024 優

026 役

役 役 | ´ ラ 彳 彳 彳ン 役 役

ヤク　エキ
役立つ 쓸모가 있다/도움이 되다
役割 역할　市役所 시청

(부릴 역)
165 割

027 彼

彼 彼 | ´ ラ 彳 彳 彳ㄏ 彳ㄆ 彼 彼

かれ　かの
彼 그/남자친구　彼女 그녀/여자친구

ヒ

(저 피)

028 術　**029** 復　**030** 複

(재주 술)
- **082** 技
- **203** 芸
- **332** 美

028　術

ジュツ

技術 기술　手術 수술　芸術 예술
ぎじゅつ　　しゅじゅつ　　げいじゅつ

美術館 미술관
びじゅつかん

(회복할 복)

029　復

フク

往復 왕복　回復 회복　復習 복습
おうふく　　かいふく　　ふくしゅう

(겹칠 복)
- **059** 数
- **298** 雜

030　複

フク

複雑 복잡　複数 복수
ふくざつ　　ふくすう

 031 初 032 汚 033 決

031 初

初 初 　｀ ｚ ㅋ ネ ネ 初 初

はじ-め　はじ-めて　はつ　うい　そ-める
初め 처음　　初めて 처음/비로소
はじ　　　　　はじ

ショ
最初 최초　　初心者 초심자/초보자
さいしょ　　　しょしんしゃ

(처음 초)
266 最

032 汚

汚 汚 　｀ ｀ ｀ ｀ ｀ ｀ 汚

**きたな-い　よご-す　よご-れる　けが-す　けが-れる
けが-らわしい**
汚い 더럽다　汚す 더럽히다　汚れる 더러워지다
きたな　　　　よご　　　　　　よご

オ

(더러울 오)

033 決

決 決 　｀ ｀ ｀ ｀ ｀ ｀ ｀ 決

き-める　き-まる
決める 정하다　　決まる 정해지다
き　　　　　　　　き

ケツ
解決 해결　　未解決 미해결
かいけつ　　　みかいけつ

(결단할 결)
282 未
294 解

034 泊 035 泳 036 波

034

泊 泊 ｜ ` ｜ ⺡ ｜ ⺡ ｜ 氵 ｜ 汩 ｜ 泊 ｜ 泊

(머무를 박)
190 宿

と-める と-まる
泊まる 묵다/숙박하다
と

ハク
宿泊 숙박   2泊3日 2박 3일
しゅくはく   にはくみっか

035

泳 泳 ｜ ` ｜ ⺡ ｜ 氵 ｜ 汀 ｜ 汭 ｜ 泳

(헤엄칠 영)

およ-ぐ
泳ぐ 헤엄치다
およ

エイ
水泳 수영
すいえい

036

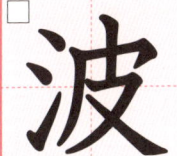

波 波 ｜ ` ｜ ⺡ ｜ 氵 ｜ 汒 ｜ 沪 ｜ 波

(물결 파)

なみ
波 파도   津波 쓰나미/해일
なみ   つなみ

ハ
電波 전파
でんぱ

037 泣 **038** 油 **039** 治

037 泣

` ` ` ` ` ` ` ` 氵 氵' 氵⁺ 汁 汁 泣 泣

な-く
泣く 울다

(울 읍)

キュウ

038 油

` ` ` ` ` ` ` ` 氵 氵' 汩 油 油 油

あぶら
油 유/기름

(기름 유)

ユ

石油 석유

039 治

` ` ` ` ` ` ` ` 氵 氵' 汁 治 治 治

なお-す **なお-る** **おさ-める** **おさ-まる**
治す 치료하다　治る 치료되다

(다스릴 치)

058 政

チ ジ

治療 치료

政治 정치　　政治家 정치가

040 活　041 消　042 酒

040 活

活　活　、　丶　氵　氵　氵　汗　汗　活
活

カツ

生活 생활
せいかつ

生活費 생활비
せいかつひ

日常生活 일상생활
にちじょうせいかつ

生活習慣 생활습관
せいかつしゅうかん

活動 활동
かつどう

就職活動 취업활동
しゅうしょくかつどう

活躍 활약
かつやく

(살 활)
091 慣
154 費
195 常
314 職

041 消

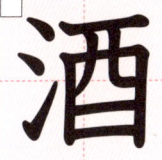

消　消　、　丶　氵　氵　氵　氵　氵　消
消　消

け-す　き-える

消す 끄다　取り消す 취소하다　消しゴム 지우개
け　　　と　　け　　　　　　　け

消える 사라지다
き

ショウ

解消 해소
かいしょう

消費期限 소비기한
しょうひきげん

消防士 소방사
しょうぼうし

消極的 소극적
しょうきょくてき

(사라질 소) 消
101 期　303 的
102 限
103 防
154 費
294 解

042 酒

酒　酒　、　丶　氵　氵　氵　氿　氿　酒
酒　酒

さけ　さか

酒 주/술　　居酒屋 선술집/이자카야
さけ　　　　いざかや

(술 주)

シュ

飲酒 음주　　飲酒運転 음주운전
いんしゅ　　　いんしゅうんてん

日本酒 일본주
にほんしゅ

043 流 **044** 済 **045** 深

043

流 流 | 丶 冫 氵 汁 浐 浐 浐 浐
流 流

なが-す　なが-れる
流す 흘리다　流れる 흐르다

（흐를 류）

リュウ　ル
交流 교류　一流 일류　流行 유행

044

済 済 | 丶 冫 氵 汁 泮 泮 泲 済
泲 泲 済

す-ます　す-む
済む 끝나다/해결되다

（건널 제）濟
139 経

サイ
経済 경제

045

深 深 | 丶 冫 氵 氵 汀 汀 沉 沉
汧 深 深

ふか-い　ふか-める　ふか-まる
深い 깊다

（깊을 심）
140 組

シン
深夜 심야　深夜番組 심야방송

046 涼 **047** 温 **048** 泉

(서늘할 량) 涼

涼 涼 `丶 丶 氵 氵 汁 沽 沽 浐 浐 涼`

すず-しい　すず-む
涼しい 시원하다

リョウ

(따뜻할 온) 温
001 化
048 泉
054 暖

温 温 `丶 丶 氵 氵 沪 沪 沪 沪 浔 浔 温 温`

あたた-かい　あたた-か　あたた-める　あたた-まる
温かい 따뜻하다　温める 데우다　温まる 따뜻해지다

オン
温泉 온천　　　温度 온도
気温 기온　　　高温 고온
体温 체온　　　温暖化 온난화

(샘 천)
047 温

泉 泉 `ノ 亇 白 白 宇 身 身 泉`

いずみ

セン
温泉 온천　　温泉ツアー 온천 투어

온라인 테스트

001-048

아래 웹사이트에 접속하여 001~048의 한자를 복습하십시오.

PC http://www.hedgroup.co.kr/JLPT/N3_Kanji/Chapter1.html

Smartphone

N3 한자
049-102

049 減 **050** 満 **051** 渡

049 減

減 減 ｜ 丶 氵 氵 氵 沪 沪 洉
洉 減 減 減

へ-らす **へ-る**
減らす 줄이다   減る 줄다

ゲン
減少 감소
げんしょう

(덜 감)

050 満

満 満 ｜ 丶 氵 氵 沪 汁 浩 洪
清 満 満 満

み-たす **み-ちる**

マン
不満 불만   満足 만족
ふまん   まんぞく

満室 만실   満席 만석
まんしつ   まんせき

満点 만점   満員電車 만원전철
まんてん   まんいんでんしゃ

(찰 만) 満
216 席
274 点

051 渡

渡 渡 ｜ 丶 氵 氵 沪 汇 沪 沪
沪 沪 渡 渡

わた-す **わた-る**
渡す 건네다   渡る 건너다

ト

(건널 도)

052 港 **053** 冷 **054** 暖

052

(항구 항)

港	港	丶	丶	氵	氵	汁	汁	洪	洪
		洪	洪	港	港				

みなと
港 항
みなと

コウ
空港 공항
くうこう

053

(찰 냉)

冷	冷	丶	冫	冫	令	冷	冷	冷

**つめ-たい　ひ-える　ひ-や　ひ-やす　ひ-やかす
さ-ます　さ-める**

冷たい 차갑다 　 冷える 차가워지다 　 冷やす 차게 하다
つめ　　　　　　　　ひ　　　　　　　　　　　ひ

冷ます 식히다 　 冷める 식다
さ　　　　　　　さ

レイ

冷凍 냉동 　 冷房 냉방
れいとう　　　　れいぼう

054

(따뜻할 난) 暖
001 化
047 温

暖	暖	丨	冂	日	日	日⺈	日⺈	日⺈
		日⺈	日⺈	昒	暖	暖		

あたた-かい　あたた-か　あたた-める　あたた-まる

暖かい 따뜻하다 　暖める 따뜻하게 하다 　暖まる 따뜻해지다
あたた　　　　　　あたた　　　　　　　　　　あたた

ダン

暖房 난방 　 暖冬 난동
だんぼう　　　だんとう

温暖化 온난화
おんだんか

055 晴

晴	晴	丨	冂	日	日	日⁻	日⁺	日キ	日⁺
		晴	晴	晴	晴				

は-れる　は-らす

晴れる 개다　　晴れ 하늘이 갬/날씨가 좋음

素晴らしい 훌륭하다

セイ

快晴 쾌청

(갤 청)

056 放

放	放	丶	亠	方	方	方⁻	方⁺	放

はな-す　はな-つ　はな-れる　ほう-る

ホウ

放送 방송

生放送 생방송　　　再放送 재방송

食べ放題 음식 무한리필　飲み放題 음료 무한리필

(놓을 방)
242 再

057 故

故	故	一	十	十	古	古	古⁻	故
		故						

ゆえ

コ

故障 고장　　　　　事故 사고

交通事故 교통사고　事故現場 사고현장

(연고 고)
117 現

058 政　**059** 数　**060** 改

058 政

政 政 政

｀ 一 T F 正 正 正 政
政

まつりごと
セイ　ショウ

政治 정치　政治家 정치가
せいじ　　せいじか
政府 정부
せいふ

(정사 정)
039 治
217 府

059 数

数 数

｀ ｀ ｀ ｀ ｀ ｀ ｀
米 米 米 米 数 数
娄 娄 娄 数 数

かず　かぞ-える
数 수　数える 세다
かず　　かぞ

スウ　ス
数学 수학　数字 숫자　数年 수년
すうがく　すうじ　　すうねん
人数 인수/인원수　複数 복수
にんずう　　ふくすう

(셈 수) 數
030 複

060 改

改 改

フ コ 己 己 己 改 改

あらた-める　あらた-まる

カイ
改行 개행/줄 바꿈
かいぎょう
改札 개찰　改札口 개찰구
かいさつ　　かいさつぐち
自動改札 자동개찰
じどうかいさつ

(고칠 개)
061 札

061 札 **062** 枚 **063** 相

061 札

一 十 才 木 札

ふだ
名札 명찰
なふだ

サツ
お札 지폐　　にせ札 위조 지폐
さつ　　　　　さつ

改札 개찰　　改札口 개찰구
かいさつ　　　かいさつぐち

自動改札 자동개찰
じどうかいさつ

(편지 찰)
(뽑을 찰)
060 改

062 枚

一 十 才 木 朽 杧 杧 枚

マイ
〜枚 ~매/장
まい

(낱 매)

063 相

一 十 才 木 朽 机 相 相
相

あい
相手 상대　　相変わらず 변함없이
あいて　　　　あいか

ソウ　ショウ
相談 상담　　相当 상당(히)
そうだん　　　そうとう

首相 수상
しゅしょう

(서로 상)
126 談
320 当
333 変

064 根 **065** 格 **066** 機

064 根

根	根	一	十	才	木	杊	杊	杊	根
		根	根						

ね
根 근/뿌리　　屋根 지붕
ね　　　　　　や ね

コン

(뿌리 근)

065 格

格	格	一	十	才	木	木	杦	柊	格
		格	格						

カク　コウ

合格 합격　　　　不合格 불합격
ごうかく　　　　　ふ ごうかく

性格 성격　　　　資格 자격
せいかく　　　　　し かく

(격식 격)
089 性
157 資

066 機

機	機	一	十	才	木	杉	杉	杉
		松	松	楼	様	機	機	機

はた

キ

機会 기회　　機嫌 기분　　機械 기계
き かい　　　き げん　　　き かい

洗濯機 세탁기　　　　掃除機 청소기
せんたく き　　　　　　そうじ き

自動販売機 자동판매기
じ どうはんばい き

交通機関 교통기관
こうつう き かん

(틀 기)
067 械
263 関

067 械 **068** 植 **069** 検

067 械

械 械 一 十 才 木 朴 村 材 材 枦 械 械

カイ
機械 기계
きかい

(기계 계)
066 機

068 植

植 植 一 十 才 木 朴 村 枯 枯 枯 枯 植 植

う-える　う-わる
植える 심다
う

ショク
植物 식물
しょくぶつ

(심을 식)

069 検

検 検 一 十 才 木 朴 朴 杉 杉 松 検 検

ケン
検査 검사　　検査入院 검사 입원
けんさ　　　　けんさにゅういん

(검사할 검) 檢
070 査

070 査 **071** 様 **072** 橋

査	査	一	十	十	木	木	杏	杏	杏	**070**
査										

サ
検査(けんさ) 검사　　検査入院(けんさにゅういん) 검사 입원
調査(ちょうさ) 조사

(조사할 사)
069 検
127 調

様	様	一	十	十	才	栏	栏	栏	**071**
栏	样	样	样	様	様				

さま
様々(さまざま) 여러 가지
皆様(みなさま) 여러분　　お客様(おきゃくさま) 고객

ヨウ
様子(ようす) 상태　　模様(もよう) 모양

(모양 양) 様
188 客
257 皆

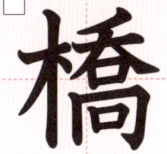

橋	橋	一	十	十	才	栏	栏	栏	**072**
栌	栎	桥	桥	桥	椅	橋	橋		

はし
橋(はし) 다리

キョウ
歩道橋(ほどうきょう) 육교

(다리 교)

073 黄 **074** 横 **075** 秒

073

黄

(누를 황) 黄

黄	黄	一	十	廾	艹	芣	苎	苎	芇
		苖	黄	黄					

き こ
黄色 노란색　　黄色い 노랗다
きいろ　　　　　きいろ

コウ　オウ

074

横

(가로 횡) 横

287 禁
307 断

横	横	一	十	才	木	木	杧	杧	样
		栟	栟	楛	構	横	横	横	

よこ
横 가로/옆/측면　　横切る 가로지르다
よこ　　　　　　　よこぎ

オウ
横断 횡단　　横断禁止 횡단금지
おうだん　　　　おうだんきんし

横断歩道 횡단보도
おうだんほどう

075

秒

(분초 초)

秒	秒	一	二	千	手	禾	利	利	秒
		秒							

ビョウ
秒 초
びょう

076 移 **077** 税 **078** 種

076

移 移 | ノ 二 千 千 禾 禾 **移** 移
移 移 移

うつ-す　うつ-る
移す 옮기다　　移る 옮기다/이동하다
うつ　　　　　　うつ

イ
移動 이동　　移転 이전　　移民 이민
いどう　　　　いてん　　　　いみん

(옮길 이)

077

税 税 | ノ 二 千 千 禾 禾 **移** 税
秤 税 税 税

ゼイ
税金 세금　　　　消費税 소비세
ぜいきん　　　　しょうひぜい

税込 세금 포함　　税抜 세금 별도
ぜいこみ　　　　　ぜいぬき

(세금 세) 税
041 消
154 費
168 込

種 種 | ノ 二 千 千 禾 禾 **移** 種
和 和 稻 種 種 種

078

たね
種 종자/씨
たね

シュ
種類 종류
しゅるい

(씨 종)
113 類

079 打

打 打 　一 十 扌 打' 打

う-つ
打つ 치다   打ち合わせる 협의하다

打ち合わせ 협의

ダ

(칠 타)

080 払

払 払 　一 十 扌 払' 払

はら-う
払う 지불하다/제거하다   支払う 지불하다

払い戻す 환불하다

フツ

(떨칠 불) 拂
222 戻
250 支

081 折

折 折 　一 十 扌 扌' 扩 折 折

お-る　おり　お-れる
折る 접다/꺾다   折れる 접히다/꺾어지다

セツ
左折 좌회전   右折 우회전

骨折 골절

(꺾을 절)

082 技 **083** 投 **084** 押

082

技 技 | ー † 扌 扌 扌 抄 技

わざ

ギ

技術 기술
ぎ じゅつ

(재주 기)
028 術

083

投 投 | ー † 扌 扌 扒 投 投

な-げる
投げる 던지다
な

トウ

(던질 투)

084

押 押 | ー † 扌 扌 扌 押 押 押

お-す　お-さえる
押す 누르다　押し入れ 벽장
お　　　　　　　お　い

オウ

(누를 압)

085 指 **086** 授 **087** 接

085 指

(가리킬 지)
187 定
286 示

筆順: 一 十 才 扩 扑 扑 指 指

ゆび　さ-す
指 손가락　　指輪 반지　　目指す 목표로 하다
ゆび　　　　ゆびわ　　　　めざ

シ
指定 지정　　指示 지시
してい　　　しじ
指導 지도　　指導者 지도자
しどう　　　しどうしゃ

086 授

(줄 수)

筆順: 一 十 才 扩 扩 扩 扩 护 抒 授

さず-ける　さず-かる

ジュ
授業 수업　　教授 교수
じゅぎょう　　きょうじゅ

087 接

(이을 접)
241 面
258 直

筆順: 一 十 才 扩 扩 扩 护 按 接 接

つ-ぐ

セツ
直接 직접　　面接 면접
ちょくせつ　　めんせつ

088 忙 **089** 性 **090** 情

088 忙 (바쁠 망)

忙 忙 ｜ 丶 忄 忄 忙 忙

いそが-しい
忙しい 바쁘다
いそが

ボウ

089 性 (성품 성)

性 性 ｜ 丶 忄 忄 忄 忙 性 性

セイ ショウ

性格 성격	性別 성별
せいかく	せいべつ
男性 남성	女性 여성
だんせい	じょせい
個性 개성	性質 성질
こせい	せいしつ
可能性 가능성	
かのうせい	

016 個
065 格
158 質
249 可
338 能

090 情 (뜻 정)

情 情 ｜ 丶 忄 忄 忄 忄 忙 情
情 情 情

なさ-け
情けない 한심하다
なさ

ジョウ セイ

愛情 애정	友情 우정	感情 감정
あいじょう	ゆうじょう	かんじょう
事情 사정	苦情 고충/불평	
じじょう	くじょう	
表情 표정	情報 정보	
ひょうじょう	じょうほう	

092 愛
099 感
204 苦
229 表
345 報

091 慣 **092** 愛 **093** 恋

091

慣 慣

丶	丶	忄	忄	忄	忄	忄	忄
忄	忄	忄	忄	忄	慣		

(익숙할 관)
040 活

な-れる　なーらす
慣れる 익숙해지다
な

カン
習慣 습관　　生活習慣 생활습관
しゅうかん　　せいかつしゅうかん

092

愛 愛

ノ	ノ	乊	乊	乊	乊	乊
乊	乊	愛	愛	愛		

(사랑 애)
090 情
093 恋

アイ
愛する 사랑하다
あい

恋愛 연애　　愛情 애정
れんあい　　あいじょう

093

恋 恋

丶	亠	ナ	亣	亦	亦	恋
恋	恋					

(그리워할 연) 戀
092 愛

こい　こい-しい　こ-う
恋 사랑　　　　　恋人 연인/애인
こい　　　　　　こいびと

恋する 사랑하다　 恋しい 그립다
こい　　　　　　こい

レン
恋愛 연애
れんあい

094 残 **095** 念 **096** 忘

094 残

| 一 | ァ | ヵ | タ | ヶ | ヶ | 残 |
| 残 | 残 | | | | | |

のこ-す / のこ-る
残す 남기다   残る 남다

ザン
残念 유감스러움   残業 잔업

(남을 잔) 残
(잔인할 잔)
095 念

095 念

| ノ | 人 | 人 | 今 | 今 | 念 | 念 | 念 |

ネン
残念 유감스러움/억울함
記念 기념   記念日 기념일

(생각 념)
094 残
120 記

096 忘

| 丶 | 亠 | 亡 | 亡 | 忘 | 忘 | 忘 |

わす-れる
忘れる 잊다

ボウ
忘年会 망년회/송년회

(잊을 망)

097 窓 **098** 悲 **099** 感

097 窓

(창 창)

| 丶 | ﾉ | 宀 | 宀 | 宀 | 宀 | 空 | 空 |
| 窓 | 窓 | 窓 | | | | | |

まど
窓 창
まど
窓口 창구
まどぐち

ソウ

098 悲

(슬플 비)

| ノ | ヲ | ヲ | ヲ | 非 | 非 | 非 |
| 非 | 悲 | 悲 | 悲 | | | |

かな-しい　かな-しむ
悲しい 슬프다
かな
悲しむ 슬퍼하다
かな

ヒ

099 感

(느낄 감)

090 情
100 想
193 覚

| ノ | 厂 | 厂 | 厂 | 厇 | 咸 | 咸 |
| 咸 | 咸 | 感 | 感 | 感 | | |

カン

感じる 느끼다　感覚 감각　感動 감동
かん　　　　かんかく　　　かんどう

感心 감탄　感想 감상　感情 감정
かんしん　かんそう　かんじょう

感謝 감사　感激 감격
かんしゃ　かんげき

100 想 **101** 期 **102** 限

想 100

想 想 | 一 十 オ 木 札 机 相 相
相 相 想 想 想

ソウ ソ

感想 かんそう 감상
想像 そうぞう 상상
理想 りそう 이상
理想的 りそうてき 이상적
予想 よそう 예상
予想外 よそうがい 예상외

(생각 상)
099 感
109 予
303 的

期 101

期 期 | 一 十 廿 甘 甘 其 其 其
荆 期 期 期

キ ゴ

期待 きたい 기대
期間 きかん 기간
期限 きげん 기한
消費期限 しょうひきげん 소비기한
学期 がっき 학기
延期 えんき 연기
前期 ぜんき 전기
後期 こうき 후기
同期 どうき 동기
定期券 ていきけん 정기권

(기약할 기)
041 消
102 限
154 費
187 定
230 券

限 102

限 限 | ７ ３ ß ß７ ßヨ ßヨ 阼 限
限

かぎ-る

ゲン

限界 げんかい 한계
制限 せいげん 제한
人数制限 にんずうせいげん 인원수 제한
期限 きげん 기한
有効期限 ゆうこうきげん 유효기한

(한할 한)
059 数
101 期
166 制
234 効

온라인 테스트

049-102

아래 웹사이트에 접속하여 049~102의
한자를 복습하십시오.

PC http://www.hedgroup.co.kr/JLPT/N3_Kanji/Chapter2.html

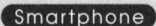

N3 한자
103-150

103 防 **104** 降 **105** 階

103

防 防 | ｀ ｊ ｐ ｐ' 广 防 防

ふせ-ぐ
防ぐ 막다

ボウ
防止 방지　　予防 예방
消防車 소방차　消防士 소방사

(막을 방)
041 消
109 予

104

降 降 | ｀ ｊ ｐ ｐ' 阝 阝 降
降 降

ふ-る　お-りる　お-ろす
降る 내리다　降りる 내리다

コウ
以降 이후

(내릴 강)

105

階 階 | ｀ ｊ ｐ ｐ- 阝 阝' 阝比 阝比
阝比 阝比 階 階

カイ
～階 ~층　階段 계단

(섬돌 계)
106 段

106 段 **107** 際 **108** 郵

106

段段 ´ 亻 亻 F 彡 乒 乒
段

ダン

階段 계단　値段 가격　普段 평소
かいだん　　ねだん　　ふだん

手段 수단　段ボール 골판지
しゅだん　　だん

(층계 단)
011 値
105 階
256 普

107

際際 ´ ３ ß ß' ß" ß" ß"
ßㅉ ßㅉ ßㅉ ßㅉ 際 際

きわ

サイ

実際 실제　　　　　交際 교제
じっさい　　　　　こうさい

国際 국제　　　　　国際社会 국제사회
こくさい　　　　　こくさいしゃかい

国際的 국제적　　国際化 국제화
こくさいてき　　こくさいか

(즈음 제)
001 化
186 実
303 的

108

郵郵 ´ 二 三 乓 乕 乖 垂
垂' 垂B 郵

ユウ

郵送 우송
ゆうそう

郵便 우편　　　　郵便局 우체국
ゆうびん　　　　ゆうびんきょく

(우편 우)
224 局

109 予 110 預 111 原

109 予

| フ | マ | ヌ | 予 | | | |

ヨ
予定 예정 　予約 예약 　予想 예상
よてい　　よやく　　よそう
予算 예산 　予習 예습 　予防 예방
よさん　　よしゅう　　よぼう
予報 예보 　天気予報 일기 예보
よほう　　てんきよほう

(미리 예) 豫
100 想　345 報
103 防
136 約
187 定
199 算

110 預

| フ | マ | ヌ | 予 | 予 | 矛 | 預 |
| 預 | 預 | 預 | 預 | 預 | | |

あず-ける　あず-かる
預ける 맡기다 　　預かる 맡다
あず　　　　　　あず

ヨ
預金 예금 　預金通帳 예금통장
よきん　　よきんつうちょう

(맡길 예)
(미리 예)

111 原

| 一 | 厂 | 厂 | 厈 | 原 | 原 | 原 |
| 原 | 原 | | | | | |

はら

ゲン
原因 원인 　原料 원료
げんいん　　げんりょう

(근원 원)
244 因

112 願　**113** 類　**114** 夫

112 願

願　願

厂	厂	厂	庁	府	盾	原	原
原	原'	原"	願	願	願	願	願

(원할 원)

ねが-う
願う 원하다　　願い 소원
ねが　　　　　　ねが

ガン

113 類

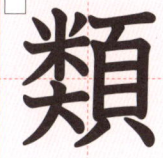

類　類

、	゛	丷	⺍	米	米	米
粁	籵	籵	類	類	類	類

(무리 류) 類
078 種

たぐ-い

ルイ
書類 서류　　種類 종류　　人類 인류
しょるい　　しゅるい　　じんるい

親類 친척　　分類 분류
しんるい　　ぶんるい

114 夫

夫　夫

一	二	夫	夫			

(지아비 부)
150 婦
151 妻

おっと
夫 남편
おっと

フ　フウ
丈夫 건강함/견고함　　夫妻 부처/부부
じょうぶ　　　　　　　　ふさい

夫婦 부부　　工夫 궁리
ふうふ　　　　くふう

115 規 **116** 観 **117** 現

115 規

規 規 | 一 ニ チ 夫 刦 刦 邦 | 邦 邦 規

(법규)
163 則
187 定

キ

規則 규칙 不規則 불규칙
きそく   ふきそく

新規 신규 定規 정규
しんき   じょうき

116 観

観 観 | ノ ト ニ チ ヰ ヰ 希 | 希 希 隹 観 観 観 観 観

(볼 관) 觀
188 客
303 的

カン

観客 관객   観光 관광
かんきゃく   かんこう

観光客 관광객   観光地 관광지
かんこうきゃく   かんこうち

主観的 주관적   客観的 객관적
しゅかんてき   きゃっかんてき

観察 관찰
かんさつ

117 現

現 現 | 一 T 干 王 珇 珇 珇 | 珇 珇 現

(나타날 현)
186 実
229 表
344 在

あらわ-す あらわ-れる

現す 나타내다 現れる 나타나다
あらわ   あらわ

ゲン

現在 현재   現代 현대   現金 현금
げんざい   げんだい   げんきん

現実 현실   現場 현장   表現 표현
げんじつ   げんば   ひょうげん

118 球 **119** 増 **120** 記

(공구)

球	球	一	ᅮ	丅	王	尹	尹	尹	**118**
		邦	球	球					

たま

キュウ

地球 지구　　電球 전구　　野球 야구
ちきゅう　　でんきゅう　　やきゅう

北半球 북반구　　　　南半球 남반구
きたはんきゅう　　　　みなみはんきゅう

(더할 증) 増
232 加

増	増	一	十	土	圵	圵	圵	圸	**119**
		圸	増	増	増	増	増		

ふ-やす　ふ-える　ま-す

増やす 늘리다　　増える 늘어나다
ふ　　　　　　　ふ

ゾウ

増加 증가
ぞうか

(기록할 기)
095 念

記	記	`	亠	宀	宁	言	言	訁	**120**
		訂	記						

しる-す

キ

記録 기록　　記念 기념　　記入 기입
きろく　　　きねん　　　きにゅう

暗記 암기　　記憶 기억　　記者 기자
あんき　　　きおく　　　きしゃ

記事 기사　　日記 일기
きじ　　　　にっき

121 設 **122** 訪 **123** 評

121 設

`、 ー ≡ ≡ ≡ ≡ 言`
`訳 設 設`

もう-ける
セツ

建設 건설　　設定 설정
けんせつ　　　　せってい

(베풀 설)
187 定

122 訪

`、 ー ≡ ≡ ≡ ≡ 言`
`訪 訪 訪`

たず-ねる　おとず-れる
訪ねる 찾다/방문하다
たず

(찾을 방)
ホウ
訪問 방문
ほうもん

123 評

`、 ー ≡ ≡ ≡ ≡ 言`
`訶 訶 訶 評`

ヒョウ
評判 평판　　評価 평가　　好評 호평
ひょうばん　　ひょうか　　　こうひょう

(평할 평) 評
010 価
164 判

124 証 125 誌 126 談

124 証

(증거 증) 證
012 保

ショウ

証明 증명
しょうめい

保証 보증
ほしょう

保険証 보험증
ほけんしょう

証明書 증명서
しょうめいしょ

保証書 보증서
ほしょうしょ

暗証番号 비밀번호/PIN번호
あんしょうばんごう

125 誌

(기록할 지)
298 雜

シ

雑誌 잡지
ざっし

週刊誌 주간지
しゅうかんし

古雑誌 헌 잡지
ふるざっし

月刊誌 월간지
げっかんし

126 談

(말씀 담)
063 相

ダン

相談 상담
そうだん

冗談 농담
じょうだん

127 調 **128** 課 **129** 論

127 調

| 、 | 亠 | 亍 | 言 | 言 | 言 | 訁 |
| 訓 | 訊 | 訊 | 調 | 調 | 調 | 調 |

しら-べる　ととの-える　ととの-う
調べる 조사하다

(고를 조)
070 査

チョウ

調査 조사　　調整 조정　　調子 상태
体調 몸 상태/컨디션　順調 순조　調味料 조미료

128 課

| 、 | 亠 | 亍 | 言 | 言 | 言 | 訁 |
| 訓 | 訊 | 訊 | 課 | 課 | 課 | 課 |

カ

課長 과장　　　　日課 일과

(과정 과)
(공부할 과)

129 論

| 、 | 亠 | 亍 | 言 | 言 | 言 | 訁 |
| 訟 | 訟 | 詥 | 論 | 論 | 論 | 論 |

ロン

論文 논문　　卒業論文 졸업논문
結論 결론

(논할 논)
148 結
328 卒

130 議 **131** 各 **132** 路

130

議 議 | 丶 ニ 言 言 言゛ 訁゙ 訁゙ 訁゙
訁゙ 訁゙ 訁゙ 詳 詳 議 議 議

(의논할 의)

ギ

会議 회의   会議室 회의실
かいぎ   かいぎしつ

不思議 불가사의
ふしぎ

131

各 各 | ノ ク 夕 冬 各 各

(각각 각)

おのおの

カク

各～ 각~   各地 각지
かく   かくち

132

路 路 | 丶 口 口 ロ 卩 圼 𧾷
𧾷 𧾷 路 路 路

(길 로)

145 線
175 速

じ

ロ

通路 통로   線路 노선
つうろ   せんろ

道路 도로   高速道路 고속도로
どうろ   こうそくどうろ

進路 진로
しんろ

133 糸 **134** 絡 **135** 級

133 糸

| 丶 | 丶 | 幺 | 牟 | 糸 | 糸 |

(실 사) 絲

いと
糸 실

シ

134 絡

| 丶 | 丶 | 幺 | 牟 | 糸 | 糸 | 紒 |
| 絞 | 終 | 絡 | 絡 | | | |

から-む　から-める　から-まる

ラク

連絡 연락　　連絡先 연락처
れんらく　　　　れんらくさき

(이을 락)
176 連

135 級

| 丶 | 丶 | 幺 | 牟 | 糸 | 糸 | 紒 |
| 級 | | | | | | |

キュウ

高級 고급　　高級ブランド 고급 브랜드
こうきゅう　　こうきゅう

同級生 동급생
どうきゅうせい

(등급 급)

136 約 **137** 束 **138** 細

136 約

約 (맺을 약)
- 109 予
- 137 束
- 149 婚

筆順: 𠃊 𠃍 幺 糸 糸 糸 糸 約

ヤク

約 약
約束 약속
予約 예약
婚約 약혼
婚約者 약혼자
節約 절약

137 束

束 (묶을 속)
- 136 約

筆順: 一 𠂉 𠂢 日 申 束 束

たば

ソク

約束 약속

138 細

細 (가늘 세)

筆順: 𠃊 𠃍 幺 糸 糸 糸 紅 紀 細 細 細

ほそ-い　こま-かい　こま-か　ほそ-る

細い 가늘다　細かい 잘다

サイ

139 経 **140** 組 **141** 絵

139

(지날 경) 經
- **044** 済
- **192** 営
- **243** 由

経 経 | く ㄠ 幺 糸 糸 糸 糽 糽
紹 経 経

へ-る
ケイ　キョウ

経済 경제　　経験 경험　　経営 경영
けいざい　　けいけん　　けいえい

経由 경유
けいゆ

140

(짤 조)
- **045** 深

組 組 | く ㄠ 幺 糸 糸 糸 糽 糾
紹 紹 組

く-む　くみ

組む 짜다　　組み立てる 짜다/조립하다
く　　　　　く　た

番組 (방송) 프로그램　　深夜番組 심야 방송 프로그램
ばんぐみ　　　　　　しんやばんぐみ

ソ

141

(그림 회) 繪

絵 絵 | く ㄠ 幺 糸 糸 糸 糽
紹 給 絵 絵

エ　カイ

絵 그림　　絵はがき 그림 엽서　　絵本 그림 책
え　　　　え　　　　　　　えほん

絵画 회화/그림
かいが

142 給 **143** 続 **144** 練

給

(줄 급)
250 支

給	給	く	幺	幺	糸	糸	糸	糸
		給	給	給	給			

キュウ

給料 급료/급여   時給 시급
きゅうりょう   じきゅう

支給 지급   給食 급식
しきゅう   きゅうしょく

続

(이을 속) 續

続	続	く	幺	幺	糸	糸	糸	糸
		紗	紗	紗	続	続		

つづ-ける つづ-く

続ける 계속하다   続く 계속되다   手続き 절차
つづ   つづ   てつづ

ゾク

練

(익힐 련) 練

練	練	く	幺	幺	糸	糸	糸	糸
		紀	細	細	紳	練	練	

ね-る

レン

練習 연습   訓練 훈련
れんしゅう   くんれん

145 線 **146** 紹 **147** 介

145

線 線 | 乙 幺 幺 糹 糸 糸' 糹'
紆 紳 紳 紳 綧 綧 線

セン

線 선
せん

線路 선로
せんろ

下線 하선/밑줄
かせん

新幹線 신칸센
しんかんせん

(줄 선)
132 路

146

紹 紹 | 乙 幺 幺 糹 糸 紆 紹
紹 紹 紹

ショウ

紹介 소개
しょうかい

自己紹介 자기소개
じこしょうかい

(이을 소)
147 介

147

介 介 | ノ 人 介 介

カイ

紹介 소개
しょうかい

自己紹介 자기소개
じこしょうかい

(낄 개)
146 紹

148 結 **149** 婚 **150** 婦

---

148 結

(맺을 결)
- **129** 論
- **149** 婚
- **224** 局
- **284** 果
- **321** 式

結	結	く	幺	幺	糸	糸	紀	紀
		紝	結	結	結			

むす-ぶ　ゆ-う　ゆ-わえる
結ぶ 잇다/묶다
むす

ケツ
結婚 결혼　　結婚式 결혼식
けっこん　　　けっこんしき
結論 결론　　結局 결국　　結果 결과
けつろん　　　けっきょく　　けっか

---

149 婚

婚

(혼인할 혼)
- **136** 約
- **148** 結
- **321** 式

婚	婚	く	夂	女	女'	妒	妒	妖
		妖	婚	婚				

コン
結婚 결혼　　結婚式 결혼식
けっこん　　　けっこんしき
婚約 약혼　　婚約者 약혼자
こんやく　　　こんやくしゃ
既婚 기혼　　離婚 이혼
きこん　　　　りこん

---

150 婦

(며느리 부)
- **114** 夫
- **228** 産

婦	婦	く	夂	女	女ヨ	女ヨ	女ヨ	婦
		婦	婦	婦				

フ
夫婦 부부
ふうふ
主婦 주부　　専業主婦 전업주부
しゅふ　　　　せんぎょうしゅふ
産婦人科 산부인과
さんふじんか

온라인 테스트

103-150

아래 웹사이트에 접속하여 103~150의 한자를 복습하십시오.

PC http://www.hedgroup.co.kr/JLPT/N3_Kanji/Chapter3.html

Smartphone

N3 한자

151-198

151 妻

妻 妻 | 一 ラ ヨ ヨ 妻 妻 妻 妻

(아내 처)
114 夫

つま
妻 아내

サイ
夫妻 부처/부부

152 貝

貝 貝 | 丨 冂 闩 目 目 貝 貝

(조개 패)

かい
貝 조개

153 責

責 責 | 一 十 キ 主 丰 青 青 青 / 青 青 責

(꾸짖을 책)
004 任
275 無

せ-める

セキ
責任 책임　　　無責任 무책임
責任者 책임자

154 費 **155** 貿 **156** 易

費 費 | 一 二 三 弓 弗 弗 弗
費 費 費 費 | | | |

ついやす　つい-える
ヒ

消費 소비
しょう ひ

交通費 교통비
こうつう ひ

食費 식비
しょく ひ

会費 회비
かい ひ

費用 비용
ひ よう

光熱費 광열비
こうねつ ひ

学費 학비
がく ひ

生活費 생활비
せいかつ ひ

(쓸 비)
040 活
041 消
277 熱

貿 貿 | ′ ＾ ＾ ⊬ ⊬ 卯 卯
貿 貿 貿 貿 | | | |

ボウ

貿易 무역
ぼうえき

(무역할 무)
156 易

易 易 | 1 口 日 日 号 号 易 易

やさ-しい

易しい 쉽다
やさ

エキ　イ

貿易 무역
ぼうえき

(바꿀 역)
(쉬울 이)
155 貿

157 資 **158** 質 **159** 失

157 資

資 資

` ゛ ゞ ⺡ 浐 次 次 咨
咨 咨 資 資 資

(재물 자)
065 格

シ
資料 자료   資格 자격
しりょう   しかく
資源 자원   資源ごみ 자원 쓰레기/재활용 쓰레기
しげん   しげん

158 質

質 質

´ ⺁ ⺁ 斤 斤 斤' 竹
斤 斤 筲 筲 筲 質 質

(바탕 질)
089 性

シツ シチ チ
質問 질문   性質 성질   品質 품질
しつもん   せいしつ   ひんしつ

159 失

失 失

' ⺁ ⺁ 失 失

(잃을 실)
160 敗
301 礼

うしなーう
失う 잃다
うしな

シツ
失礼 실례   失敗 실패   失業 실업
しつれい   しっぱい   しつぎょう

160 敗　161 財　162 貯

160 敗

一	丨	⺆	⺆	目	貝	貝	貝ˊ
貯	敗	敗					

やぶ-れる
ハイ

失敗 실패
しっぱい

(패할 패)
159 失

161 財

一	丨	⺆	⺆	目	貝	貝	貝一
財ˊ	財						

サイ　ザイ

財布 지갑　財産 재산
さいふ　　　　さいさん

(재물 재)
228 産

162 貯

一	丨	⺆	⺆	目	貝	貝	貝ˋ
貝ˊ	貯ˊ	貯ˊ	貯				

チョ

貯金 저금　　貯金箱 저금통
ちょきん　　　ちょきんばこ

貯金通帳 저금 통장
ちょきんつうちょう

(쌓을 저)

163 則 164 判 165 割

163 則

則 | 則 | 一 | 冂 | 冃 | 月 | 目 | 貝 | 貝 | 則
則

ソク

規則 규칙　　不規則 불규칙
きそく　　　　ふきそく

校則 교칙
こうそく

(법칙 칙)
115 規

164 判

判 | 判 | ヽ | ヾ | ヒ | 느 | 半 | 半 | 判

ハン　バン

判子 도장
はんこ

判断 판단　　評判 평판
はんだん　　　ひょうばん

(판단할 판) 判
123 評
307 断

165 割

割 | 割 | ヽ | ハ | 宀 | 宀 | 中 | 宇 | 宔 | 害
害 | 害 | 害 | 割

わ-る　わり　わ-れる　さ-く

割る 나누다
わ

割引 할인　　割合 비율　　役割 역할
わりびき　　　わりあい　　　やくわり

割り勘 각자 부담/더치페이　　割り算 나눗셈
わりかん　　　　　　　　　　わりざん

割れる 갈라지다
わ

カツ

(벨 할)
026 役
199 算

166 制　167 製　168 込

166 制

ノ　一　二　午　午　缶　制'　制

セイ

制作 제작　　制度 제도　　制限 제한
せいさく　　せいど　　せいげん

人数制限 인원수 제한　　速度制限 속도 제한
にんずうせいげん　　そくどせいげん

(절제할 제)
(지을 제)
059 数
102 限
175 速

167 製

ノ　一　二　午　午　缶　制'

制'　制'　製'　製'　製'　製

セイ

製造 제조　　～製 ~제　　製品 제품
せいぞう　　せい　　せいひん

乳製品 유제품　　電気製品 전기 제품
にゅうせいひん　　でんきせいひん

(지을 제)
174 造

168 込

ノ　入　'入　'入　込

こ-める　こ-む

込める 속에 넣다　　込む 혼잡하다/안에 넣다
こ　　こ

振り込む 납입하다　　飛び込む 뛰어들다/날아들다
ふりこ　　とびこ

落ち込む 빠지다/기운이 없다　　申し込む 신청하다
おちこ　　もうしこ

申込書 신청서　　税込 세금 포함
もうしこみしょ　　ぜいこみ

(담을 입) 込
077 税
208 落
288 申
334 飛

169 辺 **170** 迎 **171** 逃

169 辺

(가변) 邊

| 辺 | 辺 | フ | ヌ | 刀 | 辺 | 辺 | |

あた-り　べ
辺り 주변/부근

ヘン

170 迎

(맞을 영) 迎

| 迎 | 迎 | ˊ | ㇏ | ㇑ | 卬 | 泖 | 迎 | 迎 |

むか-える
迎える 맞이하다　　出迎える 마중나가다

ゲイ
歓迎 환영　　歓迎会 환영회
かんげい　　　かんげいかい

171 逃

(도망할 도) 逃

| 逃 | 逃 | ノ | 丿 | 㐅 | 兆 | 北 | 兆 | 兆 | 逃 |

に-がす　に-げる　のが-す　のが-れる
逃げる 도망치다

トウ

172 追 **173** 退 **174** 造

| ノ | イ | 亻 | 疒 | 自 | 自 | 自 | 追 | **172** |

追

お-う

追う 따르다
追いかける 뒤따라가다
追い越す 추월하다
追いつく 따라잡다

ツイ

追加 추가

(쫓을 추) 追
(따를 추)
182 越
232 加

| コ | ヨ | ヨ | 艮 | 艮 | 艮 | 退 | **173** |

退

しりぞ-ける　しりぞ-く

タイ

早退 조퇴　　引退 은퇴
退院 퇴원　　退学 퇴학
退職 퇴직　　退屈 지루함

(물러날 퇴) 退
314 職

| ノ | 丨 | 牛 | 生 | 告 | 告 | 告 | **174** |
| 浩 | 造 | | | | | | |

造

つく-る

ゾウ

製造 제조　　木造 목조

(지을 조) 造
167 製

175 速 176 連 177 遅

175 速

速	速	一	ㄈ	戸	후	申	束	束	涑
		涑	速						

はや-い　はや-める　はや-まる　すみ-やか
速い 빠르다
はや

(빠를 속) 速
132 路

ソク
速度 속도　　　時速 시속　　　快速 쾌속
そく ど　　　　　じ そく　　　　かいそく

高速道路 고속도로
こうそくどう ろ

176 連

連	連	一	ㄈ	戸	百	百	亘	車	車
		浬	連						

つ-れる　つら-ねる　つら-なる
連れる 데리고 오다/동반하다/동행하다
つ

連れて来る 데려오다　　連れて行く 데려가다
つ　　き　　　　　　　　　つ　　い

(잇닿을 련) 連
134 絡

レン
連絡 연락　　連絡先 연락처
れんらく　　れんらくさき

連休 연휴
れんきゅう

177 遅

遅	遅	一	ㄱ	尸	尸	戸	戸	屈	屎
		犀	犀	遅	遅				

おそ-い　おく-らす　おく-れる
遅い 느리다　遅れる 늦다
おそ　　　　　おく

(더딜 지) 遅

チ
遅刻 지각
ち こく

178 過　179 遊　180 違

178

過　過

丶 冂 冂 冃 冎 咼 咼 咼
咼 渦 渦 過

(지날 과) 過

す-ごす　す-ぎる　あやま-つ　あやま-ち

過ごす 지내다　　過ぎる 지나다/통과하다
す　　　　　　　　す

カ

過去 과거　　通過 통과
か こ　　　　つう か

179

遊　遊

丶 ユ う方 方 扩 扩
方 斿 游 遊

(놀 유) 遊

あそ-ぶ

遊ぶ 놀다
あそ

ユウ　ユ

遊園地 유원지
ゆう えん ち

180

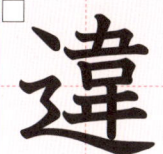

違　違

丿 コ 土 产 告 告 旹
旹 韋 韋 違 違

(어긋날 위) 違
349 反

ちが-える　ちが-う

間違える 잘못하다/틀리다
ま ちが

違う 다르다/틀리다　　違い 다름/차이
ちが　　　　　　　　ちが

間違う 틀리다/잘못되다　　間違い 틀림/잘못
ま ちが　　　　　　　　　ま ちが

イ

違反 위반　　駐車違反 주차위반
い はん　　　ちゅう しゃ い はん

181 選 **182** 越 **183** 宅

181

(가릴 선) 選

選	選	｀	｀	ｺ	ｺ⁷	ｺ⁷⁷	巳⁷	巴⁷
		巽	巽	巽	巽	巽	選	選

えら-ぶ
選ぶ 고르다
えら

セン
選択 선택　　選択肢 선택지
せんたく　　　せんたくし
選手 선수
せんしゅ

182

(넘을 월)
172 追

越	越	一	十	土	丰	耂	走	走
走	越	越	越					

こ-す　こ-える
引っ越す 이사하다　　　引っ越し 이사
ひ　こ　　　　　　　　ひ　こ
乗り越す 지나치다　　　追い越す 추월하다
の　こ　　　　　　　　　お　こ
越える 넘다/건너다
こ

エツ

183

(집 택) 宅
(댁 댁)
306 配

宅	宅	｀	丶	宀	宀	空	宅	

タク
お宅 댁　　　　　自宅 자택
たく　　　　　　じたく
帰宅 귀택/귀가　　宅配便 택배편
きたく　　　　　たくはいびん

184 守 **185** 完 **186** 実

184

`丶 宀 宀 宀 守 守`

まも-る　もり
守る 지키다
まも

シュ　ス
留守 부재중
る す

(지킬 수)
270 留

185

`丶 宀 宀 宀 宀 宀 完`

カン
完成 완성　　完了 완료
かんせい　　　かんりょう

完璧 완벽　　不完全 불완전
かんぺき　　　ふかんぜん

(완전할 완)
322 成

186

`丶 宀 宀 宀 宀 宀 実 実`

み　みの-る

ジツ
実は 사실은　実際 실제　実験 실험
じつ　　　　じっさい　　　じっけん

実力 실력　事実 사실　確実 확실
じつりょく　　じじつ　　　かくじつ

(열매 실) 實
107 際
312 確

187 定　188 客　189 容

187

定 定

丶 丶 宀 宀 宁 宇 定 定

さだ-める　さだ-まる　さだ-か

テイ　ジョウ

予定 예정　　指定 지정　　仮定 가정
よてい　　　　してい　　　　かてい

否定 부정　　肯定 긍정
ひてい　　　　こうてい

定規 정규
じょうぎ

(정할 정)
085 指
109 予
115 規

188

客 客

丶 丶 宀 宀 宀 安 安 客
客

キャク　カク

客 손님　　観客 관객　　乗客 승객
きゃく　　　かんきゃく　　　じょうきゃく

観光客 관광객　　客席 객석
かんこうきゃく　　　きゃくせき

客観的 객관적
きゃっかんてき

(손 객)
116 観
216 席
303 的

189

容 容

丶 丶 宀 宀 宀 宕 突 突
容 容

ヨウ

内容 내용　　容器 용기
ないよう　　　ようき

美容院 미용원　　美容師 미용사
びよういん　　　　びようし

(얼굴 용)
238 内
278 器
304 師
332 美

190 宿 **191** 労 **192** 営

190 宿

、	宀	宀	宀	宀	宀	宀	宿
宿	宿	宿					

やど　やど-す　やど-る
シュク

宿題 숙제　　宿泊 숙박
しゅくだい　　しゅくはく

(잘 숙)
034 泊

191 労

、	、	⺌	⺌	兴	学	労

ロウ

労働 노동　　労働者 노동자
ろうどう　　　ろうどうしゃ

苦労 노고/고생
くろう

(일할 로) 勞
204 苦

192 営

、	、	⺌	⺌	兴	学	営
営	営	営	営			

いとな-む
エイ

営業 영업　　経営 경영
えいぎょう　　けいえい

(경영할 영) 營
139 経

193 覚　194 非　195 常

193 覚

(깨달을 각) 覺
099 感

覚	覚	丶	⺌	⺌	⺌	冖	冖	常	常
		骨	骨	覚	覚				

おぼ-える　さ-ます　さ-める

覚える 기억하다　　覚ます 깨우다　　覚める 깨다
おぼ　　　　　　　　さ　　　　　　　　さ

目覚める 눈뜨다/깨어나다
めざ

カク

感覚 감각
かんかく

194 非

(아닐 비)
195 常
321 式

非	非	ノ	ㅋ	ㅋ	ㅋ	爿	非	非	非

ヒ

非常に 매우/상당히
ひじょう

非常口 비상구　　　　　非常時 비상시
ひじょうぐち　　　　　　ひじょうじ

非日常 비일상　　　　　非常識 비상식
ひにちじょう　　　　　　ひじょうしき

非公開 비공개　　　　　非公式 비공식
ひこうかい　　　　　　ひこうしき

195 常

(항상 상)
194 非

常	常	丶	⺌	⺌	⺌	冖	冖	冖	冖
		常	常	常					

つね　とこ

常に 항상
つね

ジョウ

非常に 매우/상당히　　日常 일상　　　通常 통상
ひじょう　　　　　　　にちじょう　　　つうじょう
kỳ

正常 정상　　　　　　異常 이상　　　常識 상식
せいじょう　　　　　　いじょう　　　　じょうしき

196 堂 **197** 笑 **198** 第

196

(집 당)

堂 堂 | 丶 ⺍ ⺌ 艹 ⺌ 尚 尚 尚
学 学 堂

ドウ
食堂 식당
しょくどう

197

(웃을 소)

笑 笑 | ノ ⺧ ⺶ ⺹ ⺮ ⺮ ⺮ 竺
竿 笑

わら-う **え-む**
笑う 웃다   笑い声 웃음 소리   笑顔 웃는 얼굴
わら   わら ごえ   え がお

ショウ

198

(차례 제)

第 第 | ノ ⺧ ⺶ ⺹ ⺮ ⺮ ⺮ 竺
笃 第 第

ダイ
第〜 제〜   第一印象 첫인상
だい   だいいちいんしょう

次第に 차츰/점점
し だい

온라인 테스트

151-198

아래 웹사이트에 접속하여 151~198의 한자를 복습하십시오.

 http://www.hedgroup.co.kr/JLPT/N3_Kanji/Chapter4.html

N3 한자
199-252

199 算 **200** 管 **201** 簡

199 算

(셈 산)
- **059** 数
- **109** 予
- **165** 割

筆順: ノ 𠂉 ⺮ ⺮ ⺮ ⺮ ⺮ 竹 筲 筲 筲 筸 算 算

サン

- 予算（よさん）예산
- 計算（けいさん）계산
- 足し算（たしざん）덧셈
- かけ算（かけざん）곱셈
- 精算（せいさん）정산
- 算数（さんすう）산수
- 引き算（ひきざん）뺄셈
- 割り算（わりざん）나눗셈

200 管

(대롱 관)
(주관할 관)

筆順: ノ 𠂉 ⺮ ⺮ ⺮ ⺮ ⺮ ⺮ 笁 笁 管 管

くだ
カン

- 管理（かんり）관리
- 管理人（かんりにん）관리인

201 簡

(간략할 간)
(대쪽 간)
- **202** 単

筆順: ノ 𠂉 ⺮ ⺮ ⺮ ⺮ ⺮ ⺮ 𥫗 簡 簡 簡 簡 簡 簡 簡 簡

カン

- 簡単（かんたん）간단

202 単 **203** 芸 **204** 苦

202

単	単	`	``	``'	`''	'''丶	''丷	丷ヽ	単

タン

簡**単** 간단　　**単**純 단순　　**単**語 단어
かんたん　　　たんじゅん　　　たんご

(홀 단) 單
201 簡

203

芸	芸	一	十	艹	艹	芒	芸

ゲイ

芸術 예술　　　**芸**術家 예술가
げいじゅつ　　　げいじゅつか

(재주 예) 藝
028 術

204

苦	苦	一	十	艹	艹	艼	芒	苦	苦

くる-しい　くる-しめる　くる-しむ　にが-い　にが-る

苦しい 괴롭다/고통스럽다　　**苦**しむ 괴로워하다
くる　　　　　　　　　　　くる

苦い 쓰다　　　　　　　　**苦**手 서투름
にが　　　　　　　　　　　にがて

ク

苦労 노고/고생　　　　　　**苦**情 고충/불평
くろう　　　　　　　　　　くじょう

(쓸 고)
090 情
191 労

205 若 **206** 草 **207** 荷

205

若

(같을 약) 若

| 若 | 若 | 一 | ㅜ | サ | ヴ | 井 | 若 | 若 |

わか-い　も-しくは
若い 젊다　若者 젊은이
　わか　　　　わかもの

ジャク　ニャク

206

草

(풀 초)
298 雑

| 草 | 草 | 一 | ㅜ | サ | ヴ | 芦 | 苩 | 草 |
| 草 | | | | | | | | |

くさ
草 초/풀　草木 초목/식물　草花 화초
くさ　　　　くさき　　　　　　くさばな

ソウ
雑草 잡초
さっそう

207

荷

(멜 하)

| 荷 | 荷 | 一 | ㅜ | サ | ヴ | 荷 | 芹 | 荷 |
| 荷 | 荷 | | | | | | | |

に
荷物 짐/화물
にもつ

カ

208 落 **209** 葉 **210** 募

208

落

(떨어질 락)

168 込

落	落	一	十	艹	艹	芒	艿	莎	莎
		茨	浃	落	落				

お-とす **お-ちる**

落とす 떨어뜨리다   落ちる 떨어지다

落ち着く 안정되다   落ち込む 빠지다/기운이 없다

ラク

209

葉

(잎 엽)

葉	葉	一	十	艹	䒑	芏	苹	苹	莱
		苹	莲	莱	葉				

は

葉 엽/잎   葉っぱ 잎사귀   言葉 말/단어

ヨウ

紅葉 단풍

210

募

(모을 모)
(뽑을 모)

募	募	一	十	艹	艹	芇	苫	荁
		莫	萛	募	募			

つの-る

ボ

募集 모집   応募 응모

211 夢 **212** 厚 **213** 歴

211

夢 夢

一	ナ	艹	艹	芍	芍	芇
芦	芦	芦	夢	夢		

(꿈 몽)

ゆめ
夢 몽/꿈
ゆめ

ム
夢中 몽중/열중함
む ちゅう

212

厚 厚

一	厂	厂	后	后	后	厚
厚						

(두터울 후)

あつ-い
厚い 두껍다
あつ

コウ

213

歴 歴

一	厂	厂	厈	厈	厈	厤
厤	厤	厤	厤	歴	歴	

(지날 력) 歴

214 史
314 職

レキ
歴史 역사
れき し

職歴 직력
しょくれき

履歴書 이력서
り れき しょ

学歴 학력
がくれき

214 史 **215** 欠 **216** 席

214

史史 ｀ 口 口 史 史

シ

歴史 역사
れきし

世界史 세계사
せかいし

日本史 일본사
にほんし

(사기 사)
213 歴

215

欠欠 ノ ケ ケ 欠

か-ける　か-く
ケツ

欠席 결석
けっせき

欠点 결점
けってん

(이지러질 결) 缺
216 席
274 点

216

席席 ｀ 亠 广 广 庐 庐 庐
庐 席

セキ

席 석/자리
せき

座席 좌석
ざせき

優先席 우선석/노약자 보호석
ゆうせんせき

出席 출석
しゅっせき

欠席 결석
けっせき

同席 동석
どうせき

満席 만석
まんせき

(자리 석)
024 優
050 満
215 欠
219 座

217 府 **218** 県 **219** 座

217 府

府府 ｀ 亠 广 广 庁 府 府

フ
政府 정부
せいふ

(마을 부)
058 政

218 県

県県 一 口 日 月 目 旦 早 県
県

ケン
県立 현립
けんりつ

(고을 현) 懸

219 座

座座 ｀ 亠 广 广 庐 座 座
座 座

すわ-る
座る 앉다
すわ

(자리 좌)
216 席

ザ
座席 좌석
ざせき

口座 구좌/계좌   口座番号 구좌번호/계좌번호
こうざ   こうざばんごう

220 庭 **221** 痛 **222** 戻

220 庭 (뜰 정)

庭 庭 | ` 一 广 广 广 庄 庄 庭
庭 庭

にわ
庭 정원
にわ

テイ
家庭 가정
かてい

221 痛 (아플 통)

痛 痛 | ` 一 广 广 广 疒 疒 疒
疒 疒 疒 痛

いた-い　いた-める　いた-む
痛い 아프다　　痛む 아프다　　痛み 아픔
いた　　　　　いた　　　　　いた

ツウ
頭痛 두통　　腹痛 복통　　胃痛 위통
ずつう　　　ふくつう　　　いつう

222 戻 (돌릴 렬) 戻 (어그러질 려) **080** 払

戻 戻 | 一 二 三 戸 戸 戸 戻

もど-す　もど-る
戻す 되돌리다　　戻る 되돌아가다
もど　　　　　　もど

払い戻す 환불하다　　払い戻し 환불
はら　もど　　　　　はら　もど

レイ

223 届 **224** 局 **225** 老

223

届 届 | ㄱ ㄹ ㄹ ㄸ 尸 吊 吊 届

とど-ける　とど-く

届ける 보내어 주다　届け 신고(서)　届く 닿다

(이를 계) 届

224

局 局 | ㄱ ㄹ 尸 弓 弓 局 局

キョク

結局 결국　郵便局 우체국　薬局 약국

テレビ局 TV 방송국

(판국)
108 郵
148 結

225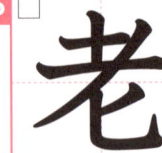

老 老 | 一 十 土 耂 耂 老

お-いる　ふ-ける

ロウ

老人 노인　老人ホーム 노인 홈(양로원)

(늙을 로)

226 省　227 差　228 産

226 省

省	省	ノ	ハ	小	少	少	省	省
		省						

はぶ-く　かえり-みる

省く 덜다/생략하다

ショウ　セイ

省略 생략　　　反省 반성

(덜 생)
(살필 성)
349 反

227 差

差	差	丶	丷	丷	乂	羊	差	差
		美	差					

さ-す

差し上げる 드리다/바치다

サ

差 차/차이　　　差別 차별

時差 시차　　　時差ぼけ 시차병

交差点 교차점/교차로　　差出人 발신인/발송인

(다를 차)
274 点

228 産

産	産	丶	亠	ㅗ	立	产	产	产
		产	産	産				

う-む　う-まれる　うぶ

サン

生産 생산　　産業 산업　　不動産 부동산

世界遺産 세계유산

産婦人科 산부인과

(낳을 산)
150 婦

229 表

表 表 | 一 十 丰 圭 声 表 表 表

おもて　あらわ-す　あらわ-れる
表 표면/겉
表す 나타내다
表れる 나타나다

ヒョウ
発表 발표
表現 표현
表情 표정
表面 표면
代表者 대표자
時刻表 시각표/시간표

(겉 표)
(시계 표)
090 情
117 現
241 面

230 券

券 券 | ヽ ヾ 一 二 半 关 券 券

ケン
割引券 할인권
定期券 정기권
診察券 진찰권

(문서 권) 券
101 期
165 割
187 定

231 参

参 参 | ㇉ ㄙ 二 矢 矢 参 参

まい-る
参る 가다/오다

サン
参加 참가
参加者 참가자

(참여할 참) 参
232 加

232 加 **233** 助 **234** 効

232

加 加 | フ カ カ 加 加

くわ-える　くわ-わる
加える 더하다
(くわ)

カ
参加 참가　　参加者 참가자
(さんか)　　　(さんかしゃ)
追加 추가　　増加 증가
(ついか)　　　(ぞうか)

(더할 가)
119 増
172 追
231 参

233

助 助 | １ 冂 冃 月 且 町 助

たす-ける　たす-かる　すけ
助ける 돕다　　助かる 도움이 되다
(たす)　　　　(たす)

ジョ

(도울 조)

234

効 効 | ` ー ナ 六 亥 交 交 効

き-く
効く 듣다/효과가 있다
(き)

コウ
効果 효과
(こうか)

(본받을 효)
284 果

235

勤

勤	勤	一	十	廾	廾	芦	苗	苗
		革	菫	勤	勤			

つと-める　つと-まる

勤める 종사하다/근무하다
つと

(부지런할 근)

 務

キン　ゴン

出勤 출근
しゅっきん

通勤 통근
つうきん

勤務 근무　　　　　　転勤 전근
きん む　　　　　　　　てんきん

236

協

協	協	一	十	ナ	䝵	拹	扬	協

キョウ

協力 협력　　　　　　協力者 협력자
きょうりょく　　　　　　きょうりょくしゃ

(화합할 협)

237

務

務	務	⺈	マ	ユ	予	矛	矛	矛
		教	務	務				

つと-める　つと-まる

ム

勤務 근무　　　　　　事務 사무
きん む　　　　　　　　じ む

(힘쓸 무)

 勤

事務所 사무소　　　　事務室 사무실
じ む しょ　　　　　　じ む しつ

公務員 공무원
こう む いん

238 内 **239** 向 **240** 両

238 内

(안 내) 内
019 側
189 容
272 案

筆順: 丨 冂 内 内

うち
内側 안쪽/내면
うちがわ

ナイ ダイ
内容 내용　　内緒 비밀　　内部 내부
ないよう　　　ないしょ　　　　ないぶ

国内 국내　　家内 아내/가족　　案内 안내
こくない　　　かない　　　　　あんない

以内 이내
いない

239 向

(향할 향)

筆順: ノ 丿 冂 向 向 向

む-ける　む-く　む-かう　む-こう
向ける 향하다　　　　向く 향하다
む　　　　　　　　　む

向かう 향하다　　　　向こう 저쪽/맞은편
む　　　　　　　　　む

コウ
方向 방향
ほうこう

240 両

(두 량) 兩

筆順: 一 丆 冂 币 両 両

リョウ
両方 양방　　　　両手 양손
りょうほう　　　りょうて

両替 환전　　　　両替所 환전소
りょうがえ　　　りょうがえじょ

両親 부모님
りょうしん

241 面 **242** 再 **243** 由

241 面

一 丆 丆 丂 丙 而 而 面

(낯 면)
087 接
229 表

おも　おもて　つら
面白い 재미있다
おもしろ

メン
正面 정면　　　表面 표면
しょうめん　　ひょうめん

画面 화면　　　面接 면접
がめん　　　　めんせつ

面倒 귀찮음/보살핌　面倒くさい 귀찮다
めんどう　　　　　めんどう

242 再

一 丆 丆 百 再 再

(두 재)
056 放

ふたた-び
再び 두 번/재차/다시
ふたた

サイ　サ
再放送 재방송　　再来週 다다음 주
さいほうそう　　　さらいしゅう

再来月 다다음 달　再来年 다다음 해
さらいげつ　　　　さらいねん

243 由

丨 冂 巾 由 由

(말미암을 유)
139 経

よし

ユ　ユウ　ユイ
経由 경유　　　理由 이유
けいゆ　　　　りゆう

自由 자유　　　不自由 부자유
じゆう　　　　ふじゆう

244 因 **245** 団 **246** 困

244

因 因 | 丨 冂 冃 因 因 因

(인할 인)
111 原

よ-る
イン

原因 원인
げんいん

245

団 団 | 丨 冂 冃 円 団 団

(둥글 단) 團

ダン　トン

団体 단체
だんたい

団体旅行 단체여행
だんたいりょこう

ボランティア団体 자원봉사 단체
だんたい

246

困 困 | 丨 冂 冃 円 円 困 困

(곤할 곤)

こま-る

困る 곤란하다
こま

コン

247 固 **248** 司 **249** 可

250 支 **251** 幸 **252** 具

250 支

一 十 亅 支

(지탱할 지)
080 払
142 給

ささ-える
支える 버티다/지탱하다

シ
支払う 지불하다　支給 지급　支出 지출
支店 지점　　　　　　　　　支社 지사
支度 준비

251 幸

一 十 士 圭 圭 立 产 幸

(다행 행)

しあわ-せ　さいわ-い　さち
幸せ 행복/행운　幸い 다행

コウ
幸運 행운　幸福 행복　不幸 불행

252 具

丨 冂 冃 目 目 且 具 具

(갖출 구)
303 的

グ
道具 도구　家具 가구　文房具 문방구
具合 형편　具体的 구체적

온라인 테스트

199-252

아래 웹사이트에 접속하여 199~252의
한자를 복습하십시오.

PC http://www.hedgroup.co.kr/JLPT/N3_Kanji/Chapter5.html

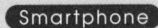

N3 한자

253-300

253 負 254 昔 255 香

253 負 (질 부)

負 負 ノ ク ク 各 争 負 負 負

ま-かす　ま-ける　お-う
負ける 지다/패하다
フ

254 昔 (예 석)

昔 昔 一 十 廾 丑 芏 苎 昔 昔

むかし
昔 옛날
セキ　シャク

255 香 (향기 향)

香 香 一 二 千 チ 禾 乔 香 香

かお-る　かお-り　か
香り 향기
コウ　キョウ
香水 향수

256 普 **257** 皆 **258** 直

		丶	丷	产	产	立	竝	竝	**256**
普	普	普	普	普	普				

フ

普通 보통/대개　　普段 평소
ふつう　　　　　　　ふだん

(넓을 보)
106 段

		一	ヒ	じ	比	比	毕	毕	皆	**257**
皆	皆	皆								

みな

皆 모두　　　皆さん 여러분　　　皆様 여러분
みな　　　　　みな　　　　　　　　みなさま

(다 개)
カイ

071 様

		一	十	ナ	市	吉	肯	肯	直	**258**
直	直									

なお-す　なお-る　ただ-ちに

直す 고치다　　見直す 다시 보다　　書き直す 고쳐 쓰다
なお　　　　　　みなお　　　　　　　かなお

(곧을 직)
直る 고쳐지다/낫다　　　　　　仲直り 화해
なお　　　　　　　　　　　　　なかなお

087 接
素直 솔직함
すなお

チョク　ジキ

直接 직접　　正直 정직
ちょくせつ　　しょうじき

259 置　260 型　261 基

259 置

置 置
丶 冂 冂 罒 罒 罒 罒
罒 罒 罒 罒 置

(둘 치)
007 位

お-く
置く 두다　　物置 헛간/광

チ
位置 위치

260 型

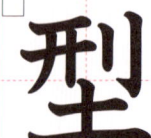

型 型
一 二 チ 开 开 刑 刑 型
型

(모형 형)
176 連
290 血

かた
小型 소형　　大型 대형　　大型連休 대형연휴
髪型 헤어스타일　　血液型 혈액형

ケイ

261 基

基 基
一 十 卄 甘 甘 其 其 其
其 基 基

(터 기)
303 的

もと　もとい

キ
基本 기본　　　　　　基本的 기본적
基礎 기초　　　　　　基礎的 기초적

262 閉 **263** 関 **264** 星

262

閉 閉

丨	冂	冂	冂	冂ˋ	門	門	門
門	閉	閉					

(닫을 폐)

し-める　**し-まる**　**と-じる**　**と-ざす**
閉める 닫다　　　　閉まる 닫히다
し　　　　　　　　　ま

閉じる 닫히다/닫다
と

ヘイ

263

関 関

丨	冂	冂	冂	冂ˋ	門	門	門
門	門	門	閂	閑	関		

(관계할 관) 關

014 係
066 機
176 連
275 無

かか-わる　**せき**

カン

関係 관계　　　　　　人間関係 인간관계
かんけい　　　　　　にんげんかんけい

友好関係 우호관계　　上下関係 상하관계
ゆうこうかんけい　　　じょうげ かんけい

関連 관련　　関心 관심　　無関心 무관심
かんれん　　　かんしん　　　む かんしん

交通機関 교통기관
こうつう き かん

264

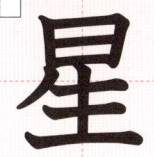

星 星

丶	冂	日	日	尸	星	早	星
星							

(별 성)

ほし
星 별
ほし

セイ　ショウ

265 量 266 最 267 雪

265

量 量 | 丶 冂 冂 日 旦 르 昌 昌
昌 昌 量 量

はか-る
量る 재다

(헤아릴 량)
041 消
154 費
313 輸

リョウ
量 양
輸出量 수출량
大量 대량
消費量 소비량

266

最 最 | 一 冂 冂 日 旦 早 早
早 昇 最 最

もっと-も
最も 가장

(가장 최)
031 初

サイ
最新 최신
最初 최초
最近 최근
最高 최고
最後 최후
最中 한창
最低 최저
最終 최종

267

雪 雪 | 一 厂 戸 币 币 币 乖
雨 雪 雪

ゆき
雪 눈
大雪 대설/큰 눈
雪祭り 눈 축제

(눈 설)

セツ

268 雲 **269** 震 **270** 留

268

雲 雲

一 ニ 戶 币 币 币 币
雨 雪 雲 雲

くも
雲 구름
くも

ウン

(구름 운)

269

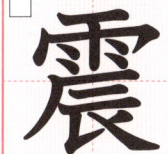

震 震

一 ニ 戶 币 币 币 币
雨 严 严 雪 震 震 震

ふる-える　ふる-う
震える 흔들리다/진동하다
ふる

シン
地震 지진
じ しん

(우레 진)

270

留 留

′ ⺃ 厶 幻 纫 幻 夘
甾 留

と-める　と-まる

リュウ　ル

留学 유학　　　留学生 유학생
りゅうがく　　　りゅうがくせい

184 守

留守 부재중　　留守番電話 전화 자동 응답기
る す　　　　る す ばん でん わ

(머무를 류)

271 条 **272** 案 **273** 馬

271

条 条 ノ ク ク 夂 冬 条 条

ジョウ
条件 조건
しょうけん

(가지 조) 條
005 件

272

案 案 丶 丷 宀 宀 安 安 安 宰 宰 案

アン
案 안　　案内 안내　　案外 뜻밖에도
あん　　　あんない　　　　あんがい

(책상 안)
238 内

273

馬 馬 丨 厂 丆 厅 庒 馬 馬 馬 馬

うま **ま**
馬 말
うま

(말 마)　　**バ**

274 点 275 無 276 然

	点	点	丶	⺊	⼧	占	占	点	点	274
			点							

テン

点 점　　点数 점수　　満点 만점
てん　　てんすう　　まんてん

欠点 결점　　弱点 약점
けってん　　じゃくてん

終点 종점　　交差点 교차점/교차로
しゅうてん　　こうさてん

注意点 주의점
ちゅういてん

(점 점) 點
050 満
059 数
215 欠
227 差

	無	無	ノ	⺊	⺍	𠂉	缶	無	無	275
			無	無	無	無				

な-い

無い 없다　　無くなる 없어지다　　無くす 잃다
な　　な　　な

ム　ブ

無料 무료　　無職 무직　　無視 무시
むりょう　　むしょく　　むし

無断 무단　　無理 무리
むだん　　むり

無責任 무책임　　無事 무사
むせきにん　　ぶじ

(없을 무)
004 任
153 責
307 断
314 職

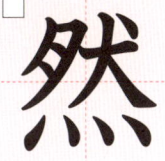

	然	然	ノ	ク	タ	タ	夕	夘	然	276
			然	然	然	然				

ゼン　ネン

自然 자연　　突然 돌연/갑자기　　偶然 우연
しぜん　　とつぜん　　ぐうぜん

当然 당연　　全然 전연/전혀
とうぜん　　ぜんぜん

(그럴 연)
320 当

277 熱　278 器　279 毛

277 熱

筆順: 一 十 土 产 夫 圡 赤 幸　刲 刲 刲 刲 刲 熱 熱

あつ-い

熱い 뜨겁다
あつ

(더울 열)
154 費

ネツ

熱 열　　　熱心 열심
ねつ　　　ねっしん

光熱費 광열비
こうねつひ

熱する 뜨겁게 하다
ねっ

278 器

筆順: 丶 口 叩 叩 叩 吅 哭　哭 哭 哭 哭 器 器

うつわ

(그릇 기) 器
189 容

キ

食器 식기　　　炊飯器 밥솥　　　容器 용기
しょっき　　　すいはんき　　　ようき

楽器 악기　　　器用 재주가 있음
がっき　　　　きよう

不器用 서투름/재주가 없음
ぶきよう

279 毛

筆順: ノ 二 三 毛

け

毛 털　　　毛玉 곱슬마디
け　　　けだま

(터럭 모)
280 玉

まつ毛 속눈썹　　　まゆ毛 눈썹　　　髪の毛 머리카락
げ　　　　　　げ　　　　　　かみ け

モウ

280 玉　281 王　282 未

280

玉 (구슬 옥)
279 毛

筆順: 一 T 干 王 玉

たま
- 玉 옥
- 玉子 알/달걀
- 水玉 물방울
- 毛玉 곱슬마디
- お年玉 새해 선물

ギョク

281

王 (임금 왕)

筆順: 一 T 干 王

オウ
- 国王 국왕
- 女王 여왕

282

未 (아닐 미)
033 決
139 経
294 解
322 成

筆順: 一 二 キ 才 未

ミ
- 未来 미래
- 未成年 미성년
- 未解決 미해결
- 未開発 미개발
- 未経験 미경험
- 未使用 미사용

283 末 284 果 285 菓

283 末

末 末 | 一 ニ 丰 才 末

すえ
末っ子 막내

マツ バツ
週末 주말　　月末 월말
年末 연말　　年末年始 연말연시

(끝 말)

284 果

果 果 | 丶 口 日 日 旦 甲 男 果

は-たす は-てる は-て

カ
結果 결과　　効果 효과

(열매 과)
 結
 効

285 菓

菓 菓 | 一 十 艹 艹 艹 节 苩 苩
草 菓 菓

カ
お菓子 과자

(과자 과)

286 示 287 禁 288 申

286

示 示 一 二 テ 亓 示

しめ-す
示す 가리키다/나타내다

ジ シ
指示 지시　　掲示板 게시판

示
(보일 시)
085 指

287

禁 禁 一 十 才 木 木 村 材 林
林 埜 埜 埜 禁

キン
禁止 금지　　横断禁止 횡단금지
立入禁止 출입금지　駐車禁止 주차금지
禁煙 금연

禁
(금할 금)
074 横
307 断

288

申 申 丨 口 日 日 申

もう-す
申す 말하다　　申し上げる 고하다/말씀드리다
申し込む 신청하다　申し込み 신청
申込書 신청서

シン

申
(거듭 신)
168 込

289 神 **290** 血 **291** 曲

289 神

(귀신 신) 神
071 様
139 経

筆順: 、 ラ ネ ネ 初 初 神

かみ **かん** **こう**
神 신　　神様 신
かみ　　かみさま

ジン　シン
神社 신사
じんじゃ

神話 신화　　神経 신경
しんわ　　　　しんけい

290 血

(피 혈)
260 型

筆順: ノ 亻 冖 冇 血 血

ち
血 피
ち

ケツ
血液 혈액　　血液型 혈액형
けつえき　　　けつえきがた

血圧 혈압
けつあつ

291 曲

(굽을 곡)

筆順: 丨 冂 冂 曲 曲 曲

ま-げる **ま-がる**
曲げる 구부리다　　曲がる 굽다
ま　　　　　　　　　ま

キョク
曲 곡
きょく

新曲 신곡　　ヒット曲 히트곡
しんきょく　　　　　きょく

292 農 **293** 角 **294** 解

292 農

農農 ｜ 丨 冂 曲 曲 曲 严 严 严 農 農 農

ノウ
農業 농업　農家 농가
のうぎょう　　のうか

(농사 농)

293 角

角角 ｱ ｸ ｱ 竹 角 角 角

かど　つの
角 구석/길모퉁이
かど

(뿔 각)
302 形

カク
四角い 네모나다　三角形 삼각형
しかく　　　　さんかくけい

方角 방향
ほうがく

294 解

解解 ｱ ｸ ｱ 竹 角 角 角 角 解 解 解 解 解

と-く　と-ける　と-かす
解く 풀다
と

(풀 해)
033 決
041 消

カイ　ゲ
解答 해답　　解決 해결　　解散 해산
かいとう　　かいけつ　　かいさん

解消 해소　　正解 정답　　理解 이해
かいしょう　　せいかい　　りかい

295 船

(배 선)

筆順: 丿 ノ 力 ガ 角 角 舟 舟 舩 船

ふね　ふな
船 배　　船便 선편
ふね　　　ふなびん

セン
風船 풍선
ふうせん

296 呼

(부를 호)

筆順: 丶 口 口 口' 口ノ 口ソ 呼 呼

よ-ぶ
呼ぶ 부르다　　呼びかける 호소하다
よ　　　　　　　よ

コ
呼吸 호흡
こきゅう

297 鳴

(울 명)

筆順: 丶 口 口 口' 口` 口ケ 口亇 咱 咱 鳴 鳴 鳴 鳴 鳴

な-く　な-る　な-らす
鳴く 소리를 내다/울다　　鳴る 울리다/소리가 나다
な　　　　　　　　　　な

メイ

298 雑

雜 雑 | ノ 九 杂 卆 卆 卆 杂 剎 剎 剎 剎 雜 雜

ザツ ゾウ

複雑 복잡
ふくざつ

雑誌 잡지
ざっし

混雑 혼잡
こんざつ

雑草 잡초
ざっそう

(섞일 잡) 雜
030 複
125 誌
206 草

299 難

難 難 | 一 ナ ザ 甘 甘 苣 苣 苣 荁 菓 剿 鄞 鄞 難

むずか-しい　かた-い

難しい 어렵다
むずか

ナン

(어려울 난) 難
(우거질 나)

300 収

収 収 | 丨 丩 収 収

おさ-める　おさ-まる

シュウ

収入 수입
しゅうにゅう

回収 회수
かいしゅう

年収 연소득
ねんしゅう

領収書 영수증
りょうしゅうしょ

(거둘 수) 収

온라인 테스트

253-300

아래 웹사이트에 접속하여 253~300의 한자를 복습하십시오.

`PC` http://www.hedgroup.co.kr/JLPT/N3_Kanji/Chapter6.html

N3 한자
301-350

301 礼 **302** 形 **303** 的

301

礼 礼 　｀ ⁻ ヌ ネ 礼

レイ　ライ

お礼 감사　　失礼 실례
れい　　　　しつれい

(예도 례) 禮

159 失

302

形 形 　一 二 テ 开 开 形 形

かたち　かた

形 모양/형상
かたち

(모양 형)

293 角

ケイ　ギョウ

三角形 삼각형　　人形 인형
さんかくけい　　　　にんぎょう

303

的 的 　´ ⺅ ⺉ 白 白 白 的 的

まと

テキ

目的 목적　　　　一般的 일반적
もくてき　　　　　いっぱんてき

(과녁 적)

044 済 **139** 経　具体的 구체적　　効果的 효과적
ぐたいてき　　　　　こうかてき

090 情 **234** 効　積極的 적극적　　感情的 감정적
せっきょくてき　　　かんじょうてき

099 感 **252** 具

107 際 **284** 果　国際的 국제적　　経済的 경제적
こくさいてき　　　　けいざいてき

146

304 師 **305** 殺 **306** 配

304

師 師 ｜ ノ 亻 ｒ ŕ ŕ 自 ŕ 帥
帥 師

シ

教師 교사
きょうし

看護師 간호사
かんごし

美容師 미용사
びようし

(스승 사)
189 容
332 美

305

殺 殺 ｜ ノ メ ㆍ 彡 幺 糸 紁
紁 殺

ころ-す

殺す 죽이다
ころ

(죽일 살) 殺

サツ　サイ　セツ

306

配 配 ｜ 一 厂 冂 丙 西 酉 酉ˋ
酉ˊ 配

くば-る

配る 나누어 주다
くば

(나눌 배)
183 宅

ハイ

心配 걱정
しんぱい

配達 배달
はいたつ

宅配便 택배편
たくはいびん

307 断　308 辞　309 鉄

307 断
(끊을 단) 斷

020 健　287 禁
021 康
074 横
164 判
275 無

筆順: 丶 丶 亠 半 米 米 迷 迷 断 断 断

ことわ-る　た-つ
断る 거절하다

ダン
横断 횡단　　　横断禁止 횡단금지
診断 진단　　　健康診断 건강진단
無断 무단　　　判断 판단

308 辞
(말씀 사) 辭

筆順: ノ 亠 千 舌 舌 舌 舌 舌 舌 舌 辞

や-める
辞める 그만두다

ジ
辞書 사전　　　電子辞書 전자사전
辞典 사전　　　お辞儀 인사

309 鉄
(쇠 철) 鐵

筆順: ノ 人 仝 全 全 金 金 金 鈝 鈝 鈝 鉄

テツ
鉄道 철도　　　私鉄 사철
地下鉄 지하철

静	静	一	十	キ	主	丰	青	青
		青	靑	靜	靜	靜	静	

しず-か　しず　しず-める　しず-まる

静か 조용한 상태
しず

セイ　ジョウ

(고요할 정) 靜

疑	疑	′	ヒ	ヒ	ヒ	ヒ	놋	놋
		놋マ	놋マ	놋マ	놋マ	疑	疑	

うたが-う

疑う 의심하다　疑い 의심
うたが　　　　　　うたが

ギ

疑問 의문
ぎ もん

(의심할 의)

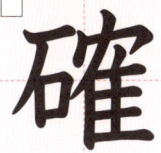

確	確	一	ア	了	石	石	石	石⁻	矿
		砕	砕	砕	碓	碓	確	確	

たし-か　たし-かめる

確か 확실함　確かに 확실히　確める 확인하다
たし　　　　たし　　　　　　　　たし

カク

(굳을 확)
186 実

確認 확인　確実 확실　正確 정확
かくにん　　　かくじつ　　　せいかく

313 輸　314 職　315 久

313 輸

輸 輸

一 广 片 戸 自 車 車
車 斬 斬 斬 輪 輪 輪 輸

ユ
輸出 수출　　輸出量 수출량
輸入 수입　　輸入品 수입품

(보낼 수)
265 量

314 職

職 職

一 丁 下 F E 耳 耳
耶 耶 聯 聯 職 職 職

ショク
職業 직업　　　　職場 직장
就職 취직　　　　就職活動 취직활동
退職 퇴직　　　　転職 전직/이직
無職 무직

(직분 직)
040 活
173 退
275 無

315 久

久 久

ノ ク 久

ひさ-しい
久しぶり 오래간만

(오랠 구)
ク　キュウ

316 丸 **317** 比 **318** 央

316 丸 (둥글 환)

丸 丸 ノ九丸

まる　まる-い　まる-める
丸 동그라미　丸い 둥글다
まる　　　　　まる

ガン

317 比 (견줄 비)

比 比 ー ヒ ヒ 比

くら-べる
比べる 비교하다
くら

ヒ
比較 비교
ひかく

318 央 (가운데 앙)

央 央 ノ ロ ワ 央 央

オウ
中央 중앙
ちゅうおう

319 共 **320** 当 **321** 式

319 共

(한가지 공)
099 感

共 共 　一 十 卄 # 共

とも

キョウ
共通 공통
共同 공동　　共感 공감
公共 공공　　公共料金 공공요금

320 当

(마땅 당) 當
063 相
276 然

当 当　 ｜ ｜' ｜'' 当 当 当

あ-てる　あ-たる
当てる 맞히다/명중시키다　当たる 맞다/명중하다
日当たり 양지　　当たり前 당연

トウ
当日 당일　　当然 당연　　本当 진심/정말
相当 상당　　担当 담당

321 式

(법 식)
148 結
149 婚
322 成
328 卒

式 式　一 二 テ 王 式 式

シキ
入学式 입학식
卒業式 졸업식
成人式 성인식
結婚式 결혼식
葬式 장례식

322 成

成 成 　) 厂 厂 成 成 成

な-す　な-る

セイ　**ジョウ**

成績 성적
成功 성공
成長 성장
完成 완성
成人 성인
未成年 미성년

(이룰 성)
185 完
282 未

323 求

求 求　一 十 寸 寸 求 求 求

もと-める

求める 구하다/바라다/요구하다

キュウ

請求書 청구서

(구할 구)

324 身

身 身　′ 𠂉 𠂉 育 身 身

み

身 몸
中身 속/알맹이
身近 신변

身につける 익히다
身につく 몸에 배다

シン

出身 출신
独身 독신
身長 신장

(몸 신)

325 君 **326** 命 **327** 受

325 君 (임금 군)

君 君 | フ ヨ ヨ 尹 尹 君 君

きみ
君 그대/자네/너

クン
〜君 ~군

326 命 (목숨 명)

命 命 | ノ 人 亼 合 合 命 命

いのち
命 목숨/생명

メイ　ミョウ
一生懸命 열심히　　　命令 명령
いっしょうけんめい　　めいれい

327 受 (받을 수)

003 付
013 信

受 受 | ノ ⺍ ⺍ ⺤ ⺤ 受 受 受

う-ける　う-かる
受ける 받다　　引き受ける 인수하다　　受け取る 받다
う　　　　　ひ　う　　　　　　　　　　う　と

受け付ける 받아들이다　　受付 접수(처)
う　つ　　　　　　　　　うけつけ

受かる 합격되다
う

ジュ
受験 수험　　　受信 수신
じゅけん　　　じゅしん

328 卒 **329** 並 **330** 育

328

卒 卒 　`、一十十六六卒卒`

ソツ

卒業 졸업
そつぎょう

卒業生 졸업생
そつぎょうせい

卒業式 졸업식
そつぎょうしき

卒業論文 졸업논문
そつぎょうろんぶん

(마칠 졸)
129 論
321 式

329

並 並 　`、ソソ并并並並`

なら-べる　なら-ぶ　なら-びに　なみ

並べる 늘어놓다　並ぶ 한 줄로 서다/늘어서다
なら　　　　　　　　なら

(나란히 병) 竝　**ヘイ**

330

育 育 　`、一十六产育育育`

そだ-てる　そだ-つ　はぐく-む

育てる 기르다　育つ 자라다
そだ　　　　　そだ

(기를 육)　**イク**

012 保

教育 교육
きょういく

体育 체육
たいいく

育児 육아
いくじ

保育園 보육원
ほいくえん

331 商 332 美 333 変

331

商

(장사 상)

| 、 | 亠 | ᅩ | 产 | 产 | 产 | 产 |
| 产 | 商 | 商 | | | | |

あきな-う

ショウ

商品 상품　　商売 장사
しょうひん　　　しょうばい

商業 상업　　商店 상점
しょうぎょう　　しょうてん

332

美

(아름다울 미)
028 術
189 容
304 師

| 、 | ヽ | ᅮ | ᅲ | 半 | 兰 | 美 |
| 美 | | | | | | |

うつく-しい

美しい 아름답다
うつく

ビ

美術館 미술관
びじゅつかん

美容院 미용원　　美容師 미용사
びよういん　　　びようし

美人 미인　　美女 미녀
びじん　　びじょ

333

変

(변할 변) 變
001 化
063 相

| 、 | 亠 | ᅩ | 亣 | 亦 | 亦 | 変 |
| 変 | | | | | | |

か-える　か-わる

変える 바꾸다　　変わる 변하다
か　　　　　　か

相変わらず 변함없이
あいか

ヘン

変 이상함　　大変 몹시/매우
へん　　　　たいへん

変換 변환　　変更 변경　　変化 변화
へんかん　　へんこう　　へんか

334 飛 **335** 登 **336** 歯

334

飛

(날 비)
066 機
168 込

飛 飛 | ㇈ ㇈ ㇈ 飞 飞 飛 飛 飛 / 飛

と-ばす **と-ぶ**
飛ぶ 날다
と

飛び出す 뛰어나가다   飛び込む 뛰어들다
と だ   と こ

ヒ
飛行機 비행기
ひ こう き

335

登

(오를 등)

登 登 | ㇇ ㇇ ㇇ 癶 癶 癶 癶 / 癶 癶 癶 登

のぼ-る
登る 오르다   山登り 등산
のぼ   やま のぼ

ト トウ
登山 등산
と ざん

登場 등장   登録 등록
とう じょう   とう ろく

336

歯

(이 치) 歯

歯 歯 | 丨 ト 止 歩 歩 歩 歩 / 歩 歩 歯 歯

は
歯 이   虫歯 충치
は   むし ば

歯磨き 양치질   歯医者 치과의사
は みが   は いしゃ

シ
歯科 치과
し か

337 才　**338** 能　**339** 平

337 才

才　才　一 十 才

サイ

才能 さいのう 재능
天才 てんさい 천재

(재주 재)
338 能

338 能

能　能　⺍ ⺌ ⺋ 台 台 台 能
能 能

ノウ

才能 さいのう 재능
能力 のうりょく 능력
可能 かのう 가능
不可能 ふかのう 불가능
可能性 かのうせい 가능성

(능할 능)
089 性
249 可
337 才

339 平

平　平　一 ⺀ ⺈ エ 平

たい-ら　ひら
ヘイ　**ビョウ**

平和 へいわ 평화
平気 へいき 아무렇지 않음
平均 へいきん 평균
平日 へいじつ 평일

(평평할 평) 平
340 和

340 和　341 戦　342 争

340

和 和 | ノ 二 千 千 禾 禾 和 和

なご-やか　なご-む　やわ-らげる　やわ-らぐ

ワ　オ

平和 평화
へい わ

和服 화복/일본옷　　和室 화실/일본식 방
わ ふく　　　　　　　わ しつ

和食 화식/일본음식　和風 일본풍/일본식
わ しょく　　　　　　わ ふう

(화할 화)
339 平

341

戦 戦 | 丶 丷 丷 丷 丷 丷 丷 当
　　　| 単 単 戦 戦 戦

たたか-う　いくさ

戦う 싸우다　　戦い 싸움/전쟁
たたか　　　　　たたか

セン

戦争 전쟁
せんそう

(싸움 전) 戰
342 争

342

争 争 | ノ ク ク 午 兮 争

あらそ-う

争う 다투다　　争い 다툼　　言い争い 말다툼
あらそ　　　　あらそ　　　　い あらそ

ソウ

戦争 전쟁　　競争 경쟁
せんそう　　　きょうそう

(다툴 쟁) 爭
341 戦

343 存 344 在 345 報

343 存

存存 一 ナ 才 方 存 存

ソン　ゾン

存在 존재
ほ ぞん

保存 보존/저장　　存じる 알다
ほ ぞん　　　　　　ぞん

(있을 존)
012 保
344 在

344 在

在在 一 ナ 才 存 在 在

あ-る

ザイ

存在 존재　　滞在 체재　　現在 현재
そんざい　　　たいざい　　げんざい

(있을 재)
117 現
343 存

345 報

報報 一 十 土 キ 寺 立 立
幸 斳 郣 報 報

むく-いる

ホウ

報告 보고　　情報 정보
ほうこく　　　じょうほう

予報 예보　　天気予報 일기예보
よ ほう　　　てん き よ ほう

(알릴 보)
(갚을 보)
090 情
109 予
346 告

346 告 **347** 必 **348** 要

346 告

告 告 ノ 卜 セ 牛 告 告

つ-げる
コク

報告 보고　　広告 광고
ほうこく　　　こうこく

(고할 고)
345 報

347 必

必 必 丶 ソ 必 必 必

かなら-ず

必ず 반드시
かなら

ヒツ

必要 필요
ひつよう

(반드시 필)
348 要

348 要

要 要 一 丆 万 西 西 要 要
要

い-る　かなめ

要る 필요하다
い

(요긴할 요)
347 必

ヨウ

必要 필요　　不要 불필요　　重要 중요
ひつよう　　　ふよう　　　じゅうよう

主要 주요　　要するに 요컨대
しゅよう　　　よう

349 反 **350** 対

349 反

一 厂 厅 反

そ-らす そ-る

ハン ホン タン

反対 반대
違反 위반
駐車違反 주차위반
スピード違反 속도위반

(돌이킬 반)
180 違
350 対

350 対

丶 亠 ナ 文 文 対 対

タイ ツイ

反対 반대　絶対 절대　対象 대상
対する 대하다/마주하다

(대할 대) 對
349 反

온라인 테스트

301-350

아래 웹사이트에 접속하여 301~350의
한자를 복습하십시오.

`PC` http://www.hedgroup.co.kr/JLPT/N3_Kanji/Chapter7.html

50음순색인

한자	한자No.

あ

アイ
愛 092
あい
相 063
あきな-う
商 331
あず-かる
預 110
あず-ける
預 110
あそ-ぶ
遊 179
あたい
価 010
値 011
あたた-か
温 047
暖 054
あたた-かい
温 047
暖 054
あたた-まる
温 047
暖 054
あたた-める
温 047
暖 054
あた-り
辺 169
あ-たる
当 320
あつ-い
厚 212
熱 277
あ-てる
当 320
あぶら
油 038
あやま-ち
過 178
あやま-つ
過 178
あらそ-う
争 342
あらた-まる
改 060
あらた-める
改 060
あらわ-す
現 117
表 229
あらわ-れる
現 117
表 229
あ-る
在 344
アン
案 272

い

イ
位 007
移 076
易 156
違 180
イク
育 330
いくさ
戦 341
いずみ
泉 048
いそが-しい
忙 088
いた-い
痛 221
いた-む
痛 221
いた-める
痛 221
いと
糸 133
いとな-む
営 192
いのち
命 326
い-る
要 348
イン
因 244

う

うい
初 031
う-える
植 068
う-かる
受 327
う-ける
受 327
うしな-う
失 159
うたが-う
疑 311
うち
内 238
う-つ
打 079
うつく-しい
美 332

うつ-す			
移	076	選	181
うつ-る			
移	076		

お

うつわ		オ	
器	278	汚	032
うぶ		和	340
産	228	お-いる	
うま		老	225
馬	273	オウ	
う-まれる		黄	073
産	228	横	074
う-む		押	084
産	228	王	281
う-わる		央	318
植	068	お-う	
ウン		追	172
雲	268	負	253
		お-く	
		置	259

え

		おく-らす	
エ		遅	177
絵	141	おく-れる	
エイ		遅	177
泳	035	お-さえる	
営	192	押	084
エキ		おさ-まる	
役	026	修	017
易	156	治	039
エツ		収	300
越	182	おさ-める	
え-む		修	017
笑	197	治	039
えら-ぶ		収	300

お-す			
押	084		
おそ-い			
遅	177		
お-ちる			
落	208		
おっと			
夫	114		
お-とす			
落	208		
おとず-れる			
訪	122		
おのおの			
各	131		
おぼ-える			
覚	193		
おも			
面	241		
おもて			
表	229		
面	241		
およ-ぐ			
泳	035		
おり			
折	081		
お-りる			
降	104		
お-る			
折	081		
お-れる			
折	081		
お-ろす			
降	104		

オン			
温	047		

か

カ			
化	001		
価	010		
課	128		
過	178		
荷	207		
加	232		
可	249		
果	284		
菓	285		
か			
香	255		
カイ			
改	060		
械	067		
階	105		
絵	141		
介	147		
皆	257		
解	294		
かい			
貝	152		
かえり-みる			
省	226		
か-える			
変	333		
かお-り			
香	255		
かお-る			

香	255	固	247	変	333	きたな-い	
かかり		かた-める		カン		汚	032
係	014	固	247	慣	091	き-まる	
かか-る		カツ		感	099	決	033
係	014	活	040	観	116	きみ	
かか-わる		割	165	完	185	君	325
関	263	か-つ		管	200	き-める	
かぎ-る		勝	025	簡	201	決	033
限	102	かど		関	263	キャク	
カク		角	293	かん		客	188
格	065	かな-しい		神	289	キュウ	
各	131	悲	098	ガン		泣	037
客	188	かな-しむ		願	112	球	118
覚	193	悲	098	丸	316	級	135
角	293	かなめ				給	142
確	312	要	348	**き**		久	315
か-く		かなら-ず				求	323
欠	215	必	347	キ		キョウ	
か-ける		かの		機	066	供	008
欠	215	彼	027	期	101	橋	072
かず		かみ		規	115	経	139
数	059	神	289	記	120	協	236
かぞ-える		から-まる		基	261	香	255
数	059	絡	134	器	278	共	319
かた		から-む		き		ギョウ	
型	260	絡	134	黄	073	形	302
形	302	から-める		ギ		キョク	
かた-い		絡	134	技	082	局	224
固	247	かれ		議	130	曲	291
難	299	彼	027	疑	311	ギョク	
かたち		がわ		き-える		玉	280
形	302	側	019	消	041	きわ	
かた-まる		か-わる		き-く		際	107
				効	234		

キン		くわ-える		欠	215	降	104
勤	235	加	232	血	290	厚	212
禁	287	くわ-わる		ケン		効	234
		加	232	件	005	向	239
く		クン		健	020	幸	251
ク		君	325	検	069	香	255
供	008			県	218	こう	
苦	204	**け**		券	230	神	289
久	315	ケ		ゲン		こ-う	
グ		化	001	減	049	恋	093
具	252	け		限	102	こ-える	
くさ		毛	279	原	111	越	182
草	206	ゲ		現	117	コク	
くだ		解	294			告	346
管	200	ケイ		**こ**		こ-す	
くば-る		係	014	コ		越	182
配	306	経	139	個	016	ことわ-る	
くみ		型	260	故	057	断	307
組	140	形	302	固	247	こま-か	
く-む		ゲイ		呼	296	細	138
組	140	迎	170	こ		こま-かい	
くも		芸	203	黄	073	細	138
雲	268	けが-す		ゴ		こま-る	
くらい		汚	032	期	101	困	246
位	007	けが-らわしい		こい		こ-む	
くら-べる		汚	032	恋	093	込	168
比	317	けが-れる		こい-しい		こ-める	
くる-しい		汚	032	恋	093	込	168
苦	204	け-す		コウ		ころ-す	
くる-しむ		消	041	康	021	殺	305
苦	204	ケツ		港	052	コン	
くる-しめる		決	033	格	065	根	064
苦	204	結	148	黄	073	婚	149

困	246	支	250	ザン		しず-める	
ゴン		さ-す		残	094	静	310
勤	235	指	085			シチ	
		差	227	**し**		質	158
さ		さず-かる		シ		シツ	
サ		授	086	指	085	質	158
査	070	さず-ける		誌	125	失	159
差	227	授	086	糸	133	ジツ	
再	242	さだ-か		資	157	実	186
ザ		定	187	史	214	し-まる	
座	219	さだ-まる		司	248	閉	262
サイ		定	187	支	250	しめ-す	
済	044	さだ-める		示	286	示	286
際	107	定	187	師	304	し-める	
細	138	さち		歯	336	閉	262
妻	151	幸	251	ジ		シャク	
財	161	サツ		治	039	昔	254
再	242	札	061	示	286	ジャク	
最	266	殺	305	辞	308	若	205
殺	305	ザツ		じ		シュ	
才	337	雑	298	路	132	修	017
ザイ		さま		しあわ-せ		酒	042
財	161	様	071	幸	251	種	078
在	344	さ-ます		シキ		守	184
さいわ-い		冷	053	式	321	ジュ	
幸	251	覚	193	ジキ		授	086
さか		さ-める		直	258	受	327
酒	042	冷	053	しず		シュウ	
さ-く		覚	193	静	310	修	017
割	165	サン		しず-か		収	300
さけ		算	199	静	310	シュク	
酒	042	産	228	しず-まる		宿	190
ささ-える		参	231	静	310	ジュツ	

術	028	しりぞ-ける		涼	046	折	081
ジュン		退	173	すず-む		接	087
準	022	しる-す		涼	046	設	121
ショ		記	120	す-ます		雪	267
初	031	シン		済	044	殺	305
ジョ		信	013	すみ-やか		せ-める	
助	233	深	045	速	175	責	153
ショウ		震	269	す-む		セン	
勝	025	申	288	済	044	泉	048
消	041	神	289	すわ-る		線	145
政	058	身	324	座	219	選	181
相	063	ジン				船	295
性	089	神	289	**せ**		戦	341
証	124			セイ		ゼン	
紹	146	**す**		晴	055	然	276
笑	197	ス		政	058		
省	226	数	059	性	089	**そ**	
星	264	守	184	情	090	ソ	
商	331	スウ		制	166	想	100
ジョウ		数	059	製	167	組	140
情	090	すえ		省	226	ソウ	
定	187	末	283	星	264	相	063
常	195	す-ぎる		静	310	窓	097
条	271	過	178	成	322	想	100
静	310	すぐ-れる		ゼイ		草	206
成	322	優	024	税	077	争	342
ショク		すけ		セキ		ゾウ	
植	068	助	233	責	153	増	119
職	314	す-ごす		席	216	造	174
しら-べる		過	178	昔	254	雑	298
調	127	すこ-やか		せき		ソク	
しりぞ-く		健	020	関	263	側	019
退	173	すず-しい		セツ		束	137

則	163	対	350	球	118	**つ**	
速	175	ダイ		玉	280	ツイ	
ゾク		第	198	たも-つ		追	172
続	143	内	238	保	012	対	350
そだ-つ		たい-ら		タン		つい-える	
育	330	平	339	単	202	費	154
そだ-てる		タク		反	349	つい-やす	
育	330	宅	183	ダン		費	154
ソツ		たぐ-い		暖	054	ツウ	
卒	328	類	113	段	106	痛	221
そな-える		たし-か		談	126	つかさど-る	
供	008	確	312	団	245	司	248
備	023	たし-かめる		断	307	つ-く	
そな-わる		確	312			付	003
備	023	たす-かる		**ち**		つ-ぐ	
そ-める		助	233			接	087
初	031	たす-ける		チ		つく-る	
そ-らす		助	233	値	011	造	174
反	349	たず-ねる		治	039	つ-ける	
そ-る		訪	122	質	158	付	003
反	349	たたか-う		遅	177	つ-げる	
ソン		戦	341	置	259	告	346
存	343	ただ-ちに		ち		つた-う	
ゾン		直	258	血	290	伝	006
存	343	た-つ		ちが-う		つた-える	
		断	307	違	180	伝	006
た		たと-える		ちが-える		つた-わる	
		例	009	違	180	伝	006
タ		たね		チョ		つづ-く	
他	002	種	078	貯	162	続	143
ダ		たば		チョウ		つづ-ける	
打	079	束	137	調	127	続	143
タイ		たま		チョク		つと-まる	
退	173			直	258		

勤	235
務	237
つと-める	
勤	235
務	237
つね	
常	195
つの	
角	293
つの-る	
募	210
つま	
妻	151
つめ-たい	
冷	053
つら	
面	241
つら-なる	
連	176
つら-ねる	
連	176
つ-れる	
連	176

て

テイ	
停	018
定	187
庭	220
テキ	
的	303
テツ	
鉄	309
テン	
点	274
デン	
伝	006

と

ト	
渡	051
登	335
トウ	
投	083
逃	171
当	320
登	335
ドウ	
堂	196
と-かす	
解	294
と-く	
解	294
と-ける	
解	294
とこ	
常	195
と-ざす	
閉	262
と-じる	
閉	262
とど-く	
届	223
とど-ける	
届	223
ととの-う	

調	127
ととの-える	
調	127
と-ばす	
飛	334
と-ぶ	
飛	334
と-まる	
泊	034
留	270
と-める	
泊	034
留	270
とも	
供	008
共	319
トン	
団	245

な

ナイ	
内	238
な-い	
無	275
なお-す	
治	039
直	258
なお-る	
治	039
直	258
なが-す	
流	043
なが-れる	

流	043
な-く	
泣	037
鳴	297
な-げる	
投	083
なご-む	
和	340
なご-やか	
和	340
なさ-け	
情	090
な-す	
成	322
なみ	
波	036
並	329
な-らす	
慣	091
鳴	297
なら-びに	
並	329
なら-ぶ	
並	329
なら-べる	
並	329
な-る	
鳴	297
成	322
な-れる	
慣	091
ナン	
難	299

に

にが-い
荷 207
にが-い
苦 204
に-がす
逃 171
にが-る
苦 204
に-げる
逃 171
ニャク
若 205
にわ
庭 220
ニン
任 004

ね

ね
値 011
根 064
ねが-う
願 112
ネツ
熱 277
ね-る
練 144
ネン
念 095
然 276

の

ノウ
農 292
能 338
のが-す
逃 171
のが-れる
逃 171
のこ-す
残 094
のこ-る
残 094
のぼ-る
登 335

は

ハ
波 036
は
葉 209
歯 336
バ
馬 273
ハイ
敗 160
配 306
バイ
倍 015
ば-かす
化 001
はか-る
量 265
ハク

泊 034
はぐく-む
育 330
ば-ける
化 001
はし
橋 072
はじ-め
初 031
はじ-めて
初 031
はた
機 066
は-たす
果 284
はつ
初 031
バツ
末 283
は-て
果 284
は-てる
果 284
はな-す
放 056
はな-つ
放 056
はな-れる
放 056
はぶ-く
省 226
はや-い
速 175

はや-まる
速 175
はや-める
速 175
はら
原 111
はら-う
払 080
は-らす
晴 055
は-れる
晴 055
ハン
判 164
反 349
バン
判 164

ひ

ヒ
彼 027
悲 098
費 154
非 194
比 317
飛 334
ビ
備 023
美 332
ひ-える
冷 053
ひさ-しい
久 315

ヒツ		ふか-まる		ヘイ		ほそ-い	
必	347	深	045	閉	262	細	138
ひ-や		ふか-める		並	329	ほそ-る	
冷	053	深	045	平	339	細	138
ひ-やかす		フク		へ-らす		ホン	
冷	053	復	029	減	049	反	349
ひ-やす		複	030	へ-る			
冷	053	ふ-ける		減	049	**ま**	
ヒョウ		老	225	経	139	ま	
評	123	ふせ-ぐ		ヘン		馬	273
表	229	防	103	辺	169	マイ	
ビョウ		ふだ		変	333	枚	062
秒	075	札	061			まい-る	
平	339	ふたた-び		**ほ**		参	231
ひら		再	242	ホ		まか-す	
平	339	フツ		保	012	任	004
		払	080	ボ		ま-かす	
ふ		ふな		募	210	負	253
フ		船	295	ホウ		まか-せる	
付	003	ふね		放	056	任	004
夫	114	船	295	訪	122	ま-がる	
婦	150	ふ-やす		報	345	曲	291
府	217	増	119	ボウ		ま-ける	
負	253	ふ-る		忙	088	負	253
普	256	降	104	忘	096	ま-げる	
ブ		ふる-う		防	103	曲	291
無	275	震	269	貿	155	まさ-る	
フウ		ふる-える		ほう-る		勝	025
夫	114	震	269	放	056	ま-す	
ふ-える				ほか		増	119
増	119	**へ**		他	002	マツ	
ふか-い		べ		ほし		末	283
深	045	辺	169	星	264	まつりごと	

政	058
まと
的	303
まど
窓	097
まも-る
守	184
まる
丸	316
まる-い
丸	316
まる-める
丸	316
マン
満	050

み

ミ
| 未 | 282 |
み
| 実 | 186 |
| 身 | 324 |
み-たす
| 満 | 050 |
み-ちる
| 満 | 050 |
みな
| 皆 | 257 |
みなと
| 港 | 052 |
みの-る
| 実 | 186 |
ミョウ

| 命 | 326 |

む

ム
夢	211
務	237
無	275
む-かう
向	239
むか-える
迎	170
むかし
昔	254
む-く
向	239
むく-いる
報	345
む-ける
向	239
む-こう
向	239
むずか-しい
難	299
むす-ぶ
結	148

め

メイ
| 鳴 | 297 |
| 命 | 326 |
メン
| 面 | 241 |

も

モウ
| 毛 | 279 |
もう-ける
| 設 | 121 |
もう-す
| 申 | 288 |
も-しくは
| 若 | 205 |
もっと-も
| 最 | 266 |
もと
| 基 | 261 |
もとい
| 基 | 261 |
もど-す
| 戻 | 222 |
もと-める
| 求 | 323 |
もど-る
| 戻 | 222 |
もり
| 守 | 184 |

や

ヤク
| 役 | 026 |
| 約 | 136 |
やさ-しい
| 優 | 024 |
| 易 | 156 |
やど
| 宿 | 190 |

やど-す
| 宿 | 190 |
やど-る
| 宿 | 190 |
やぶ-れる
| 敗 | 160 |
や-める
| 辞 | 308 |
やわ-らぐ
| 和 | 340 |
やわ-らげる
| 和 | 340 |

ゆ

ユ
油	038
遊	179
由	243
輸	313
ユイ
由	243
ユウ
優	024
郵	108
遊	179
由	243
ゆ-う
結	148
ゆえ
故	057
ゆき
雪	267
ゆび

指	085
ゆめ
夢	211
ゆ-わえる
結	148

よ

ヨ
予	109
預	110

ヨウ
様	071
容	189
葉	209
要	348

よこ
| 横 | 074 |

よご-す
| 汚 | 032 |

よご-れる
| 汚 | 032 |

よし
| 由 | 243 |

よ-ぶ
| 呼 | 296 |

よ-る
| 因 | 244 |

ら

ライ
| 礼 | 301 |

ラク
| 絡 | 134 |
| 落 | 208 |

り

リュウ
流	043
留	270

リョウ
涼	046
両	240
量	265

る

ル
流	043
留	270

ルイ
| 類 | 113 |

れ

レイ
例	009
冷	053
戻	222
礼	301

レキ
| 歴 | 213 |

レン
恋	093
練	144
連	176

ろ

ロ
| 路 | 132 |

ロウ
労	191
老	225

ロン
| 論 | 129 |

わ

ワ
| 和 | 340 |

わか-い
| 若 | 205 |

わざ
| 技 | 082 |

わす-れる
| 忘 | 096 |

わた-す
| 渡 | 051 |

わた-る
| 渡 | 051 |

わら-う
| 笑 | 197 |

わり
| 割 | 165 |

わ-る
| 割 | 165 |

わ-れる
| 割 | 165 |

索引

필승합격 일본어능력시험 N3 한자 350

초판발행일	2021년 6월 5일 (1쇄)
편　　　저	아스크출판 편집부
발　행　인	송부영
발　행　처	(주)해외교육사업단
출 판 등 록	제16-1456호
주　　　소	서울시 서초구 강남대로 381 두산 709호
전　　　화	02-736-1010
이　메　일	song@hed.co.kr
홈 페 이 지	www.hedgroup.co.kr

*본사에서는 소중한 원고, 새로운 기획의 제안을 기다리고 있습니다.
*이 책은 저작권법에 의해 보호를 받는 저작물이므로 무단 전재와 복제를 금합니다.
*잘못된 책은 구입하신 서점이나 본사에서 교환해드립니다.

©2020 Ask Publishing Co., Ltd.　Printed in Japan

소나기

생각을 앞질러

의 빗속을 뚫고 달려나가는 요즘엔 내가 한참 전부
바깥에 서 있었다는 걸 너무
깨닫곤 한다.

오거나

달려오던 생각들은 이미 몸을 즐겁게도 괴롭게도
해 그쳤지만

선가 넘어진 몇몇

기가 지나가고 있구나. 그래도 괜찮다는 기분 속에 미소가 지어졌고 이 대화만으로도 나는 충분한 미래를 얻은 것 같았다.

몸이

생각
터 나
늦게

두고

따라
하지 못

어디

생각들은 일으켜세워줘야 하니까 나의 다리와 어깨와 얼굴은 이전의
생각으로 방향을 잠깐 옮긴다.

들어왔던 일본 지방의 한 골목을 되감아 걸어나간다. 거꾸로 달리는 버스와 기차를 타고 거꾸로 상공을 움직이는 비행기를 타고서 많은 빗속에서도
뜨거운 바윗돌을 맨손과 맨팔로 든 채 계속해 타들어가던 나의 몸이

무언가 얻었고

무언가 잃었다는 감각 속의 느린 행복이 끝없이
이어지는 삶으로

나는 나도

순서도 잊고
너무 멀리 너무

빠르게 왔었어. 비를 맞기에 나의 몸은

조금은 멍청했지만 어떻게 보면 생각이 미처 다 모르는 걸 그리고
앞으로도 미처 다
모를 것을

영원히 알고 있었던 것 같기도 해.

넘어진 생각들을 일으켜세워주고 맞아야 했을
비를 맞고

다시 갔던 곳으로 가려 하는데, 이제 모두를 당황시키시지 않는 순리를 순서를 아니까

올바른 방향의 비행기를 타고 기차와 버스를 타 다시 그 골목으로 걸려가려는데
과거로 돌아가는 문이
사랑을

사랑만으로 표현할 수 있게끔 어둡고 차분해진 내 몸 앞에서는 열리지 않아.

나는
이 멀고 낯선 곳까지 다시 뜨거운 바윗돌을 들고 와야 한다는 사실을 깨닫는다. 더

조금 더 뒤로 가야 한다는 사실을.

구름 한점 없이 맑았던 하늘로 빗방울이 떨어진다.
손차양으로 비를 가린 채 어떤 방향으로 갈지 모르는 버스를 기다린다.

10월 21일

메
모

커튼 생각

1

아오모리 시내를 지나며 가정집과 작은 가게들의 커튼 사진을 많이 찍었다. 5월에 찍어온 사진만 추려보아도 스무 장이 넘었는데, 레이스가 덧씌워져 있거나 혹은 전체가 무늬 없이 흰색인 아주 고전적인 디자인의 커튼이 대부분이었다. 커튼을 그려보세요, 했을 때 모두가 그릴 것 같은 그런 디자인 말이다. 세기를 넘나들고 살아남은, 옛 유령이라고 했을 때 바로 저런 커튼을 뒤집어쓰고 있을 것 같은.

아오모리는 대부분의 건물과 가정집이 이층을 넘지 않았고, 만약 커튼이 없었다면 타인의 구체적인 생활이 전부 들여다보일 구조의 집들이 많았다. 커튼은 전부 풀어져 있기도 한쪽이 묶여 있기도 양쪽이 정갈하게 묶여 있기도 했고, 판판하게 펴져 있기도 어떤 창에는 거의 우거져 있다시피 하기도 했다. 아마 창의 크기에 비해 면적이 너무 넓은 커튼을 골랐을 경우 창이 커튼을 다 감당하지 못해 우거져 있는 것처럼 보였을 것이다. 개개의 커튼에서 내다보이는 집주인들의 성격, 깔끔함, 개성적인 구겨짐과 무신경함을 훔쳐보는 게 좋았다. 언젠가 커튼 연작을 한번 써봐야겠다는 생각도 했다.

2

나는 아파트 육층에 살고 있고, 아파트 단지에 있기 때문에 육층 높이에서도 비슷한 층고의 많은 세대가 건너다 보인다. 이 아파트 단지에서 아오모리에서와 같은 커튼을 달고 있는 집은 거의 찾아볼 수가 없는데, 우리집을 포함해 다른 많은 집은 커튼 대신 내리고 올리기 편한 블라인드를 사용하고 있다. 물론 블라인드를 뚫고 나가는 전등의 색과 어렴풋하게 보이는 형광등의 실루엣이 건너편과 건너편의 사람을 상상하게 해주기는 하지만, 아무래도 이곳에서는 모든 창이 조용하게 흐트러지는 이야기 없이 규격화되어 있다는 느낌을 지울 수가 없다.

  새벽 늦게 작업을 할 때면 주위 아파트 세대들의 불이 거진 다 꺼져 있지만, 가끔 형광등 빛이 아닌 아주 부드럽고 생생한 노란빛이 새어나오는 창을 마주할 때가 있다. 아마 저런 사람이 아오모리에 산다면 저 빛과 어울리는 무거운 모직 커튼을 샀겠지. 두께가 다양한 커튼의 한 부분은 조명을 그대로 투과시키고 한 부분은 미처 투과시키지 못해 커튼은 내 쪽에서 더욱 입체적인 얼굴로 보일 거야.

3

  시대에 역행하는 커튼을 달아보는 미래를 가질 수 있을까. 세탁이 불편하고 세탁 후 다시 다는 것이 불편하고 계절마다 다른 무게와 다른 재질의 커튼을 선택해야 하는 것이, 그것을 찾으러 다녀야 하는 것이 불편한. 저것이 밖에서 어떻게 보일까 너무 고집스러워 보이거나 게을러 보이지는 않을까 신경도 써야 하겠지만 그럼에도 그런 미래를 가져보고 싶다. 그리고 그럴 때 나의 집이 유별나지는 않았으면 좋겠어. 아오모리 거리를 걸으며 그곳에 사는 모두의 집으로부터 이런 커튼이 표준이라고, 원하던 이미지 사이를 거니는 삶이 그렇게 어려운 일은 아닐 수 있다고 격려를 받은 것 같았으니까. 직사각형으로 정사각형으로 반원형으로 그리고 이상하게 각진 형태로 뚫린 유리창에서, 꼼짝 않고 내부를 보호하고 있던 커튼들을 바라보며 아름다운 꿈을 꾸는 것 같았다.

4

커튼이 예상치 못한 방식으로 등장하는 영화를 좋아한다. 〈사운드 오브 뮤직〉에서 마리아가 자기 방에 달린 커튼을 재단해 트랩 대령의 아이들 옷 일곱 벌을 하룻밤 만에 만들어주는 에피소드. 〈고스트 스토리〉에서 각기 다른 집에서 태어난 유령들이 조우할 때, 그 집의 커튼을 뒤집어 쓰고 있던 장면.

공교롭게도 두 영화에서 내 마음을 빼앗았던 커튼들은 모두 독특한 패턴을 갖고 있던 커튼들이었는데, 〈사운드 오브 뮤직〉의 커튼은 녹색 풀잎과 나뭇잎이 찍혀 있는 듯한 패턴이었고 〈고스트 스토리〉의 주인공 유령이 조우하게 된

다른 집 유령의 패턴은 꽃무늬였다.

무늬 없는 커튼은 자연광을 통해, 실내의 조명과 몇 개의 그림자들을 통해 이야기가 뻗어나갈 무수한 가능성을 보여주는 반면, 특정한 무늬로 가득한 커튼은 확신 있는 이야기 하나를 만들어낸다. 그 무늬는 무늬 자신의 거대한 목소리와 몸으로 이미 모든 것을 가려버렸기에 무늬 뒤편에서 더 이상 목소리를 내지 못할 이야기가 있다는 사실 또한 감안해야겠지만, 어쨌든 무늬는 자기가 정한 이야기를 향해 홀로 달려나간다.

아오모리에 있던 대부분의 커튼은 무채색이거나, 패턴이 있더라도 내가 멀리서 그것을 알아채지 못할 정도로 점잖고 잔잔한 무늬의 커튼밖에 없었다. 그럼에도 내가 온종일 걸으며 발견한 단 하나의 창문에는 빨강과 흰색 줄이 교차로 놓여 있던 빨강 체크무늬 커튼이 있었다. 그 커튼이 놓인 곳은 가정집이 아닌 이제 아무도 사용하고 있지 않은 건물의 이층처럼 보였는데 그것을 보자마자 누가 저 커튼을 골라 저곳에 달았을지 궁금해졌다. 저 커튼 무늬는 질타를 받았을까 환영을 받았을까. 골라온 사람은 두근거려했을까 아니면 아주 대범해서 별 생각 없이 매달았을까. 굉장히 시끄럽고 즐거워 보이는 커튼이 이제는 버려진 건물에 달려 있다는 사실도 내 마음을 끌었다. 무슨 숨겨진 이야기가 있을 것 같았다.

5

돌이켜보면 나는 시에 커튼을 꽤 많이 등장시키는 편이다. 아마 가정집의 내부라든지 거실, 창을 등장시키기 좋아서일 텐데, 커튼과는 멀어진 생활을 하고 있음에도 불구하고 내 머릿속 최상의 이미지 안에는 늘 커튼이 무의식적으로 들어와 있기 때문인 것 같다. 외부의 어떤 자극에 커튼보다는 적게 흔들리는데다가 바람이 불지 않으면 거의 제 형태를 유지하면서 움직이는 블라인드에게도, 블라인드의 손잡이에 매달린 투명한 구슬에게도 물론 시적인 느낌이 있지만 아직까지는 커튼에 대해 더 써보고 싶다.

6

천을 떼어내서 창 근처에 매달 생각을 처음 한 건 누구였을까.

10월 22일

에
세
이

기념품을 만드는 상상력과 시

 사과로 유명한 아오모리에는 발길 닿는 곳마다 사과와 관련된 온갖 기념품들이 즐비하다. 공항과 역 근처가 아니더라도 이곳저곳에서 정말 다양하고 기발한 기념품들을 발견할 수 있는데, '이렇게까지 만든다고?' 싶을 정도로 그 종류가 다양하다. 사과주스 하나만 파는 가게에서조차 사과의 종류와 당도에 따라 열 가지 이상의 주스를 팔고는 했으니까. 사과 와인, 사과 맥주, 사과 청, 사과 아이스크림, 사과 사탕, 애플파이, 사과 바움쿠헨, 온갖 종류의 사과 쿠키와 케이크들, 말린 사과칩, 사과차, 사과 젤리, 사과 푸딩, 사과 모양으로 만든 악세사리까지. 아오모리에 처음 갔을 때, 나도 주변에 나눠주기 위해 몇 개 애플파이나 여러 군것질들을 고르곤 했으나 사실 내 마음을 끌었던 기념품들은 따로 있었다.

 첫번째로는 아스팜 건물 일층의 한 가게 앞에 붙어 있던, 아오모리 지역 어부들의 브로마이드. 해산물로 유명한 아오모리에서 실제 활동하는 어부들을 담았는데 항구에 서 있는 어부도 배 한가운데 있던 어부도 그물을 든 채 한 곳을 응시하고 있는 어부도 있었다. 해삼이나 멍게 같은 해산물들을 양손에 쥔 채 웃고 있는 어부도, 근육을 자랑스레 드러낸 다소 거친 분위기의 어부도. 배경이나 그들 각자가 사용한 오브제가 제각기 달랐고, 그에 따라 브로마이드의 분위기도 구도도 달라졌다. 내가 가장 인상적으로 보았던 어부는 도미노처럼 규칙적으로 띄엄띄엄 놓여 있던 항구 앞 비석에 한 발만 딛고, 나머지 발과 다리는 허공을 향하게 한 채 균형을 잡고 서 있었다. 유머가 있었고 구도도 좋았다. 브로마이드는 얼핏 보기에 그 종류도 서른 개가 훌쩍 넘어 보였고, 전체적으로 즐겁고 코믹한 분위기의 약간은 장난 같은 사진들이기는 했지만, 나는 이것을 기획한 사람과 응해준 어부들의 마음, 그리고 저들을 카메라에 담은 사진가의 마음에 대해 생각하지 않을 수 없었다.

기념으로 하나 사가고 싶어서 카운터에 얼마냐고 물었는데, 심지어 판매용도 아니었고 사은품이라고 했다. 저 어부들이 잡은 것으로 만든, 말린 조개를 사면 저 브로마이드들 중에서 고를 수 있다고. 나는 조금 고민하다가 또 그 정도로 갖고 싶었던 것은 아니라는 생각이 들어 발걸음을 돌렸지만, 그 브로마이드는 기억 속에서 쉽사리 잊히지 않았다. 판매용이 아님에도 저렇게 진심으로 찍었다니. 해안가 마을에 놀러온 사진가가 배나 바다와 함께 배경처럼 관찰한 시선이 아니라, 직업인으로서의 한순간을 감동적으로 담아낸 사진이 아니라, 어부들 그 자체가 주인공이 되는 조금 다른 차원의 사진. 자연에서 일하는 직업인에 대한 숭고함이라든지 착실함 같은 관념을 돌파하고 남긴, 웃기고 불량스럽고 조금의 외설적인 느낌을 주기도 하던 사진들. 컨셉을 잡고 찍은, 이곳만의 독특한 아카이브와도 같은 그 사진들을 보면서 나는 통쾌함을 느꼈고 생생한 삶을 느꼈다. 컨셉 자체가 무척 강해서 어쩌면 그 컨셉 속에서 어부들의 삶이 가려지는 듯도 하지만, 천천히 들여다보면 많은 사람이 공유하고 있는 어부들에 대한 관념을 완전히 뒤집고 있는 사진들이었다. 다른 종류의 빛이 드나들 수 있는 세세한 틈이 느껴지는 그러니까 각각의 어부들이 컨셉과 어떤 관계를 맺고 있는지에 따라 그들의 개성적인 면모가 오히려 적극적으로 드러나기도 했다. 너무나 행복하게 즐기며 사진을 찍은 어부들의 자세에서, 반대로 자신이 도저히 이 컨셉과는 어울리지 않는다는 마음을 먹고 어색하게 사진을 찍은 어부들의 표정에서 사람이 느껴졌고 그들의 시간이 느껴졌다. 그들 각각의 삶은, 정신을 이루고 있을 중요한 부분은 어부라는 직업과 떼어놓을 수 없었지만, 그곳에서 떼내어져 다른 곳을 엉뚱하게 바라보고 있는 시선 역시 있었다. 그리고 아마 이런 설명할 수 없는 돌파 지점에 시가 있지 않은가 싶었다. 시는 모든 것을 구구절절 말하지는 않지만, 하나로 뭉쳐져 있던 풍경에 상처를 내 풍경의 안쪽을, 그 안의 사람을 보게 하는 장르니까. 어부들의 브로마이드에서 나는 시를 느낀 것 같다.

다음으로는 다자이 오사무의 『인간 실격』 책 모양으로 만들어진 카스텔라였는데, 아오모리 출신인 다자이 오사무에 대한 아오모리 사람들의 애정이 아주 귀여운 방식으로 변

형된 상품이라 할 수 있었다. 카스텔라는 일반 책 모양의 두께와 크기로 재단되어 있었고, 그래서 일반적으로 우리가 생각하는 카스텔라보다는 두께가 얇고 면적이 넓었다. 그곳에 다자이 오사무의 얼굴—가장 유명한, 굵은 눈썹의 그가 어딘가를 응시하고 있는 사진—이 일러스트로 새겨져 있었고, 오른쪽에 세로로 '인간 실격'이라고 씌어져 있었다. 디자인은 단순했지만 얼핏 보면 정말 문고본으로 착각할 만한 디테일이 있었다. 나는 내가 가르치고 있는 학생들에게 나눠줄 겸 해서 서너 개를 플라스틱 장바구니에 담았는데, 꼭 서점에서 같은 책 여러 권을 집어들어 사가는 기분이었다. 이 책은 예외적으로 무척 가볍고 달콤한 책이기는 하지만.

다자이 오사무라고 하면 한국에서조차 조금은 진지하고, 무거운 작가로서의 존경을 담아 바라보아야 할 것 같은 인상이 있다. 그의 작품도 그의 삶도 죽음과 사랑, 우울과 격동 한가운데 있었으니까. 아오모리의 지역 서점에 가면 다자이 오사무 존이 따로 있을 정도로 다자이 오사무에 대한 자부심과 존경은 대단한 편이다. 아오모리에서 만났던 어르신들이 갖고 있는 다자이에 대한 긍지 역시도 마찬가지였고 말이다. 그런 아오모리에서 다자이의 얼굴을 새겨넣은 인간 실격 모양의 카스텔라를 만들 수 있다는 사실이 놀랍다. 아스팜 관광 물산뿐 아니라, 여행 끝 무렵에는 아오모리 쇼핑 센터 지하 식품점에서도 이 카스텔라를 발견했는데, 온갖 과일과 야채와 저녁 할인 즉석 식품들이 놓여 있던 공간에, 분주하게 혹은 무심히 매장을 지나치는 사람들 사이에 인간 실격 여러 개가 아무렇지도 않게 쌓여 있는 모습이 묘했다. 존경과 그에 대한 사랑이 꼭 무거운 책의 형태로, 멀찍이서 손을 모은 채 다가가지도 못하고 바라보기만 하는 그런 정신의 형태로 유지될 필요는 없다는 것. 어부들의 브로마이드와 마찬가지로 여기에도 물론 약간의 장난기는 가미되어 있었지만, 만약 다자이 오사무가 살아 돌아온다면 이 디자인의 카스텔라를 좋아할지 좋아하지 않을지 확신은 없지만, 어떤 형태로든 그를 신경쓰이게 했을 것만은 분명해 보였다.

카스텔라의 '인간 실격'은 관광 상품이 되었고 쇼핑 센터와 관광 물산의 한켠에 무더기로 쌓여 있게 되었다. 이것을 집어드는 사람에게도 이런 것이 있는지 모르고 그저 지나치는 사람에게도 인간 실격으로의 감정이 있다. 1948년, 『인간 실격』이 출간된 이래로 칠십칠 년이 지났지만 우리는 다자이가 말한 그대로 '부끄럼 많은 생애'를 살고 있다. 조용하게 독서에 집중하고 있을 때이든 저녁 쇼핑 센터의 할인 식품을 고를 때이든 마찬가지고 카스텔라가 나에게 그 사실을 일깨워준다. 인간 실격으로 카스텔라를 만들어요, 처음 제안했을 그 누군가의 생각 역시 정말 시적이지 않은지.

10월 23일

시

아오모리 은행 기념관

 지폐를 세다보면 잠이 덜 깬 채 휘청이며 움직이는 아침 냄새가 손끝에 묻는다.
 아침에게서는 피 냄새가 나고 방치된 자긍심의 냄새가 나.

 1897년 아침 이곳에 출근해 그날의 첫 예금을 도와주었을 은행원은 지폐 끝이 창문을 투과해들어오는 저
  빛에 의해 반짝이는 것을
  다시 어두워지는 것을 지켜보면서

 돈과 얽힌 도시와
 자연
 생각보다 오래 살아남은 노파들이

아기와 신입사원과 사원의

고전적이고

나른하고 급진적인

꿈

다른 곳에 비해 탁월하게 아름다운 이곳의 계단이

피부가 얇은 그림자 속에 층층이 놓여 있구나 깨달았을 것이다.

휘청거리지 않으려 꼿꼿하게 세운 고객들의 어깨를

힘들게 잠든 자연을

평생 한 번뿐인 개점일 하룻동안의 감각을

놓쳐버렸을 것이다.

건물 창 전체로 잘 관리된 나뭇잎이 흔들린다. 손끝에 묻은 냄새를 닦기 위해

화장실에 들어가 세면대 물을 튼다. 돈을 내지 않고도 깨끗한 피처럼 흘러나오는 물을 쓸 수 있다는 것이

새삼스럽다.

지폐 세는 기계 여러 대가 은행 한가운데에서
더 낡고 밝아지는 쪽으로 달아나기에는 아직 피부에서 끓는 상처가 조금 남은 아침을 보내고 있다.

여기 앉아 아름답게 굽이치는 저 나무 계단을 바라보면서 너무 많은 새 건물의 좌절
기억나는 부분들을 참아내는
꿈을
피부를 벗어던져버리는 냄새와 연결되어야 하는 아침을 어떻게 해결할 수 있을까.

어떻게 하면 나쁜 슬픔 없이 돈을 사랑할 수 있을까.

돈을 믿지는 않지만 돈의 형상 아래 구체적인 얼굴도 유창한 언어도 다
깎여나간 사랑을 담아

흰 봉투에 넣는 사람의 마음은 믿어.

1897년 이 은행을 이토록 탁월하게 설계한 사람에게 쥐여졌을 실물의 돈을
그 사람이 값으로 지불하고 먹었을 점심과
아오모리의 숨막히는 여름을 뚫고 달려나갔을 전차를 믿어.

사라진 옛날 화폐를 쓰던 사라진 옛날 사람들 사라진 옛날 은행원들.

죽기 전 방문해보고 처음 죽었을 노파들. 수많은

자긍심과

예금들.

이 건물은 이제 은행이 아니고 더이상 나른한 피가 흐르는 곳이 아니지만

여전히 창밖으로는 잘 관리된 나뭇잎이 평생 한 번뿐일 것처럼 흔들리고 있지만

기념관으로 바뀐 이곳을 관람하기 위해 나는 이백 엔을 지불했다. 동전을 건네고
내 손가락 끝에 남은 냄새를 맡았다.

10월 24일

에
세
이

와카이

 천주교 신자는 아니지만 여행을 가면 그 지역 성당을 꼭 둘러본다. 성당이라는 공간이 지닌 고립감과 고요한 기개, 조금씩 다른 결로 이루어진 신비로움 때문인지 여행과 내가 맺고 있는 거리감을 한층 더 벌려주기 때문일까. 여행을 하고 있지만 더 깊은 여행 속으로 들어가고 싶을 때, 조금씩 익숙해지던 공간과 시간이 다른 차원에서 지워지는 체험을 하고 싶을 때 나는 성당에 들어간다. 지난 겨울 오타루의 토미오카 성당을 들렀던 기억이 몹시 따뜻하고 좋았기 때문에, 이번 아오모리 방문에서도 성당을 꼭 들러봐야지 싶었다. 아오모리 시내로부터 그리 멀리 떨어져 있지 않은 아오모리 혼초 성당, 남색 지붕과 작은 화단을 지닌 아담한 곳이었다.

성당에 들어가자마자 그곳을 관리하고 있던 중년 여성 신자가 한 분 있었고 그분은 성당 뒤쪽에서 무언가를 만드는 중이었다. 아마 성당 이름으로 만들어질 옷이나 봉제 인형 같았다. 그분은 내게 성당 팸플릿 하나를 전해주셨고 천천히 구경하다 가라며 웃어주었다. 나는 신발을 벗고 안으로 들어갔는데, 지금껏 여행하며 많은 성당을 다녀보았지만 예배당 내부에 맨발로 들어가야 하는 곳은 처음이었다. 마룻바닥이 깔린 성당 내부는 나와 그분을 제외하고는 아무도 없이 고요하기만 했다. 스테인드글라스도 노란 유리와 파란 유리 두 종류로 최소한으로 만들어져 있었다. 예수의 고난을 그리는 이야기가 창 하나를 지날 때마다 진행되는 보통 성당의 구조와 달리 이곳에는 사각형의 노랑과 파랑이 추상적으로 배치된 것이 전부였다. 스테인드글라스의 색과 그림이 복잡할 경우 바닥에 떨어지는 빛 그림자 역시 복잡해지는데 이곳에서는 그림자마저 단순하게 떨어졌다. 두 가지 색이 교차하며 아주 잔잔하게. 십자가와 제단 역시도 어쩌면 저렇게 말 없는 것들로만 골랐을까 싶을 정도로, 자기 존재감을 덜어내고 있는 것들이 공간을 채우고 있었다.

그때 내 눈에 들어온 것은 성당 입구에 걸려 있는 커다란 한자 두 글자였다. 크고 검고 단정적인 붓글씨로 쓰여진 '和解'. '화해'라는 글자. 종교 공간에 들어왔을 때 흔히 떠올릴 수 있는 단어인 평화나 자비, 사랑이나 은총이 아닌 '화해'. 이곳에 들어와 내 안의 무언가와 화해하라는 뜻인 걸까, 아니면 이곳에 들어오는 것 자체가 화해의 시작이라는 뜻일까. 그것도 아니면 서로 화해하며 지내라는 것일까. 정확한 의미는 알 수 없었지만 마주하고 싶지 않았던 내 모습과의 조우, 동시에 마주해야만 했던 내 모습과의 화해라는 의미로 받아들이고 싶어졌다. 아마 두 가지 패턴으로만 이뤄진 격자 무늬 스테인드글라스 역시 화해를 뜻하는 이미지 아니었을까. 다른 온도의 색으로 이뤄진 나의 각진 내면이 하나의 빛 그림자로 떨어지는 모습을 지켜보았다. 뒤편에서 여전히 봉제 작업을 하고 계시던 신자분께 눈인사를 드리고는 성당을 빠져나왔다. 혼초 성당 예배당 입구의 글자 '화해'는 내 뇌리에 깊게 남아 있었다.

아오모리와 내가 맺고 있는 관계, 처음 그곳에 갔을 때 맺었던 관계와 떨어져 있는 지금, 그 도시와 내가 맺고 있는 관계를 생각해볼 때도 '화해'라는 단어를 곱씹게 된다. 아오모리에는 내가 살고 싶고, 더 깊이 느끼고 싶은 사람과 건물, 여러 감정적인 요소들이 모여 있었다. 떨어져 있을 때에도 마음만은 설명할 수 없는 방식으로 붙어 있게 된 도시 자체. 일상으로 돌아와서도 아직 일상과 불화하거나 현실의 면면들에서 서걱거리는 나 자신의 모습들과 화해하게 해주는, 품이 넓은 도시. 8월에 다시 방문했을 때 마주하게 된 예상과 다른 모습 속에서, 짧은 시간 그것들과 화해해야만 했던 도시. 빛나는 더위 속 나를 기다려주는 방식으로 돌출된 요소들과의 화해를 요구했던 도시. 이쪽에서도 날것일 수밖에 없는 생생한 삶의 모습을 응시하게 했던 도시. 그리고 오랜 시간이 지나도 그리운 마음 속에서 이 도시의 현재를 내내 걷고 있을 나를, 그대로 다시 사랑하게 된 화해의 시간.

아오모리를 향한 마음 위로 단순한 빛 조각들이 떨어지고 있다. 두 가지 색의 사각형으로만 이루어진 화해의 빛 조각들이.

10월 25일

메
모

구식 호텔과 사랑

1

성탄절까지 두 달밖에 남지 않았다. 지금부터 두 달간을 어떤 마음과 상태로 보내느냐에 따라 성탄절의 인상이 완전히 달라지기에, 10월 25일에는 곧 펼쳐질 구체적인 성탄절 광경을 생각하지 않을 수 없다. 그중 하나가 호텔인데, 정작 성탄절에 많이 묵어본 적도 없으면서 왜 성탄절이라고 하면 호텔과 호텔 전망의 이미지가 떠오를까.

2

구식 호텔을 좋아한다. 침대와 조명과 테이블이 긴장한 사람들처럼 거리감을 유지한 채 정격으로 배치된, 다른 꿈을 꾸거나 다른 생각은 할 것 같지 않은 정말 방 그 자체에 충실한. 방안 카펫의 무늬도 복잡하지 않고 이 안에서 가장 최신의 사물이라면 작은 텔레비전 한 대뿐이다. 욕조 역시 기본 모양에 충실하고, 창에 달린 커튼도 구식. 여행 일정을 보내고 오후 네시나 다섯시쯤 조금 늦게 체크인을 하면 방 안으로 지는 해가 천천히 들어온다. 이런 방에서는 어떤 음악도 소음도 없이 가만히 앉아 있고 싶다.

3

아오모리에서 묵었던 호텔은 '호텔 아오모리'와 '선루트 아오모리'. 앞의 호텔은 5월에 뒤의 호텔은 8월에 묵었다. 아오모리에도 이름이 복잡한 호텔이나 신식으로 새로 지어진 호텔들이 많지만, 왠지 나는 조용하고 깨끗하게 낡아갔을 옛날 호텔에 묵고 싶었다.

4

호텔 아오모리는 아오모리역과 조금 떨어져 있어서 역 근처나 시내 중심가로 가려면 버스를 타거나 이십 분 정도 걸어다녀야 했다. 그럼에도 이곳을 택한 이유는 내 상상 속 구식 호텔 이미지에 완전히 일치했기 때문이다. 어떤 장식

도 기교도 없는 짙은 남색 소파에 흰 테이블, 주황색 빛이 은은하게 흘러나오던 조명과 가운데 녹색 벨벳 천으로만 포인트가 들어간 침대. 마지막으로는 아오모리 항구, 느리게 흔들리던 바다와 그 앞을 오가는 몇 대의 자동차, 사람들이 눈에 들어오던 방 한가운데 난 아름다운 창. 나는 이 방에 들어가자마자 소파나 화장대 의자에 앉지도 못하고 침대맡에 걸터앉지도 못하고 멍하니 서서, 멈춰 있는 듯한 창밖 풍경을 몇 분이나 바라봤었다. 그러면 풍경 속에서 풍경을 유지하며 움직이고 있는 모든 작은 것이 눈에 들어왔다.

5

저녁 일정을 마치고 돌아오면 방은 낮보다 좁아 보였는데 이 방의 너그럽고 어리둥절한 얼굴을 담당하던 창문이 어두워져서일까 싶었다.

나이트 가운이라고 하면 바로 떠오르는 전형적인 형태의 나이트 가운을 입고 꿈 없이 오랜만에 잠을 잘 잤다.

6

호텔 아오모리 입구에는 은색 입체 글자로 ホテル青森 HOTEL AOMORI라 씌어 있었고, 벽면은 건너편 풍경이 거울처럼 비치는 진한 대리석인데다 글자는 그보다 밝은 은색이라 꼭 글자가 벽면에 둥둥 떠 있는 것처럼 보였다. 글자는 자신의 존재감을 드러내고 싶어하는 것 같기도 그렇지 않은 것 같기도 했고, 입구의 글자같이 호텔 어떤 부분이 특히 눈에 들어왔다고 하더라도 그것이 결코 발견한 사람의 눈을 피곤하게 하지 않는 것이, 혼자서만 알고 기뻐하게끔 본 사람을 자유로이 놓아준다는 것이 좋았다. 이것이 아마 구식 호텔이 지닌 모든 부분의 아름다움이지 않을까.

7

8월, 선루트 아오모리를 처음 찾았을 때는 호텔의 이름 때문에 이곳을 더 눈여겨보게 되었다. 말그대로 'sunroute'였는데, 선루트는 사전에 없는 단어라 해의 길을 이야기하는 것일까 막연하게 추측할 수밖에 없었지만 그 단어가 지닌 강한 확신과 이상한 해맑음에 마음이 끌렸던 것 같다 (찾아보니 아오모리에만 있는 호텔은 아니었고 일본의 호텔 체인이었다). 선루트 아오모리의 로고는 자주색 바탕에 흰 선 네 개가 여러 방향으로 얽힌 채 햇살을 형상화하고 있었는데, 그중 가운데 선은 끝부분에 화살표 처리가 되어 있었다. 넓게 퍼지는 여러 줄기의 햇살 중 한 방향이 '길'임을 암시하고 있던 로고에서는 이름에서 느꼈던 그것과 비슷한 기개가 느껴졌다.

5월에 묵었던 호텔보다 아오모리역과 가깝기는 했지만 가격이 더 쌌던 만큼 방과 욕실은 더 좁았고, 무엇보다 문을 여닫는 시스템에서 내가 정말로 구식 호텔에 왔구나 싶어 웃음이 지어졌다.

8

선루트 아오모리는 요즘 대부분의 호텔들이 사용하고 있는 카드키 대신 열쇠를 사용하고 있었다. 열쇠 뒤에 매달린 직사각형의 아크릴도 생각보다 무겁고 커서, 자질구레한 짐들로 어지러웠던 가방 속에서 열쇠를 꺼내야 할 때도 금방 손에 쥐어졌다. 손에 닿는 고전적인 열쇠의 느낌이 참 다정하게 거추장스러워서 나는 내가 방을 나서고 있군, 이제 방에 들어서고 있군 하며 호텔을 나서고 들어오는 나의 순간순간들을 더 물질적으로 의식하게 되었다.

9

선루트 아오모리의 전망은 예상보다 아름답지 않았지만, 이미 지난 5월 항구가 내다보이는 다른 호텔 방에서 묵었던 기억 덕분인지 구식 호텔 이미지의 연장선 속에서 충분히 만족스럽고 안전했다.

10

다시, 성탄절까지 이제 두 달밖에 남지 않았다. 성탄절에 나는 어디에 누워 있을까. 호텔방 하나를 빌려 누워 있을 수 있는 느긋하고 차가운 여유 속에 있을까, 아무 일도 벌어지지 않는 내 방에 누워 있을까. 아니면 정말 기적처럼 다시 아오모리에 누워 있을 수 있을까.

11

어디에 누워 있든, 구식 호텔의 구체적인 면모들에게서 충분하게 받았던 사랑을 떠올리며 웃을 수 있다면 좋겠다.

10월 26일

시

고서점의 깊은 곳

방치와
보관의 차이를 알지 못하는 자아에게 몇십 년 전의 시간을 값나가는
먼지를 선물해주자

아슬아슬하게 쌓인 어둠 위에 또하나의 어둠을 쌓고 방을 나설 수밖에 없던 나도
언젠가 그것들이 무너지며 낼 비명은 듣고 싶지 않아 아무리

마음의 준비를 해도

버리거나 정리할 수 없는 것이 각 맞춰 제대로 놓을 수 없는 잡동사니 같은
　책들이 있어
　모르겠어 책 안에 방치된 문장들만큼 수동적인 목소리가 기약 없는 미래가 또 있을까
　누군가 펼쳐주지 않으면

　비명조차 내지 못할 그런 목소리 말이야

　고서점의 문을 열었어 나의 깊숙한 곳에 나도 모르는 진귀한 자아가 보관되어 있을지 궁금해하면서
　아니

　조금이라도 궁금해하려 노력하면서

　귀한 책들은 고서점 깊은 곳 유리 케이스 안에 외로워하는 소중한 과거처럼 따로 보관되어 있었고
　서점 주인은 케이스 앞쪽에 달린 열쇠 구멍에 열쇠를 넣어 다자이 오사무 초판본 『새로운 햄릿』을 꺼냈다

유리장 안에 오래도록 놓여 있던 책은 빛에 부식되지 않게끔 비닐로도 한번 더 싸여 있었고 나는

내 안에서 어두워진 시간들에게도

그렇지만 훼손되지 않게끔 신경써서 그것들에게 덧입혀진 비닐이 있다면

반짝이는

귀퉁이가 새의 날개처럼 뻗친 비닐들끼리 부딪치는 소리가 나면 얼마나 좋을까 싶었어

연둣빛 표지의 『새로운 햄릿』은 칠천 엔이었고 다자이는 그 책 위에 어떤 신비감도 남기지 않은 채 세상을 떠났지만

이 책의 디자인을 물성을 다자이가 처음 받아들였을 아침 다자이의

기뻐하는 마음이

곧 무신경해졌을 인기 작가의 낯이 서점 안으로 천천히 쏟아지고 있었어 유리장 안의

다른 책들에게도 항상 현재인 그런 과거가 있을 거야

방치된 책에 칠천 엔이나 쓰지는 않아, 그것을 알기 때문에 나는 주인에게 칠천 엔을 지불하며 다자이의 아침과 낮을 샀고

그럼에도 비닐을 뚫고 들어온 값비싼 먼지가

폐를 통해 내 안으로 들어가는 것이 무너지기 직전인 나의 어둠 속을 여행하는 것이 느껴졌어

과거를 소중히 해주세요
소중히 해주세요

먼지가 잠겨져 있던 나의 방을 열며 나지막이 이야기해주는 소리가 들렸어

10월 27일

에
세
이

작동되지 않던 분수

 나무로 가득한 숲길을 지나 헤이와 공원으로 향했다. 오로지 공원 중앙에 놓인 파란색의 거대한 분수를 보기 위해. 사진으로 미리 찾아보았던 헤이와 공원의 분수는, 그것의 구조 덕분인지 물줄기가 동그랗게 떨어지는 독특한 형태였다. 대형 민들레 홀씨 같기도 놀이기구처럼도 보이던 분수. 이미 점심을 먹었기 때문에 그곳 벤치에서 점심을 먹을 생각도 없었고, 아침부터 아주 많이 걸었기에 산책을 위해 가는 것도 아니었다. 단지 그 분수를 꼭 보고 싶었고 그것만 보고 와도 충분할 것 같았다.

 아직 6월이 되기 전이었고 북쪽 지방이었음에도 불구하고 아오모리의 낮은 조금만 걸어도 셔츠가 다 젖을 정도로

더웠다. 하필 그날 점심으로 먹은 카레가 무척 뜨거웠고, 카레 가게의 내부도 무척 더워서 공원으로 향하는 길 내내 진땀을 빼야 했다. 편하게 걸어다니려면 아오모리에는 적어도 4월이나 5월 중순에 와야 하겠구나 생각하면서. 그런데 신기한 일이었다. 공원에 거의 다다랐을 무렵, 양쪽으로 나무가 빽빽한 숲길이 등장했는데 그곳을 지나자마자 바람이 불어오기 시작한 것이다. 아름다운 숲길은 아니었고, 주위에 아무것도 없었던데다 길목도 검고 축축해 을씨년스러웠지만 더위를 식힐 수 있다는 것만으로 반가웠다. 땀은 금방 식었고 매끈해진 피부로 계속해 불어오는 바람에 한기가 느껴졌다.

항구 공원을 제외하고 내가 아오모리에서 들른 공원들 중 규모가 가장 컸던 헤이와 공원은, 사진에서 보았던 즐거운 놀이공원의 분위기는 전혀 아니었고 생각보다 쓸쓸하고 한산했다. 산책로와 공원의 구간들마다 앉을 수 있는 돌 벤치와 의자들이 많이 놓여 있었지만 거기 앉아 있는 사람은 없었다. 나는 들여다보는 사람 없이 곳곳에 놓인 조각들, 길게 자란 들풀들을 지나 보고 싶었던 분수를 향해 걸음을 옮겼다. 저 멀리 분수의 실루엣이 보였다.

 하지만 그 앞에 선 나는 실망했다. 분수가 작동되고 있지 않았기 때문이다. 분수의 규모 때문에 마른 분수 바닥은 더 검고 초라했으며 마치 앙상한 뼈가 드러난 것처럼 보였다. 아쉬운 마음에 분수 주위를 천천히 돌며 내부를 조금 들여다보기도 했지만 이내 자리를 옮겨 분수 뒤쪽 벤치에 앉았다. 내가 분수라 해도 지금 이 모습을 누군가 빤히 쳐다보는 건 부끄럽고 싫은 일이겠군 싶었다. 그때 나와 마찬가지로 분수 주위를 빙빙 돌며 하릴없이 산책하고 있는 할아버지가 눈에 들어왔다. 그 역시도 공작새의 깃털처럼 화려하게 펼쳐질 분수를 기대하고 왔던 걸까. 정확히는 알 수 없었지만 그의 발걸음은 실망이라기보다 일상의 것에 가까웠다. 그렇다면…… 그는 분수가 작동하지 않을 것을 알고 작동되지 않을 분수를 보기 위해 이곳에 왔을 수도 있겠다 싶었다. 바닥을 검게 드러낸, 사람 없이 텅 빈 채로 놓여 있는 헤이와 공원의 형상을 본따 만든 것 같은 빈 분수를. 저 이미지가 그에게 주는 의미나 위로는 어떤 것일까. 밝은 햇빛 속에서 부서지며 솟구치던 분수를 기억하고 있을 그에게 이렇게나 차분한 분수가 주는 위로가, 그리고 그 주위를 본인이 선택해 걷고 있다는 사실이. 나에게는 헤이와 공원이 그날 처음이었고 사진 외에 실물로 작동하는 분수는 아직 보지 못했으니까 확신할 수 없지만, 그는 아마 그의 기억 속 분수의 물줄기를 끄집어내 그것을 보았던 날의 기억을 생생히 그려보았을 수도 있을 것 같다.

벤치에 계속 앉아 있다보니 다른 할아버지 한 분도 내 사선 방향으로 놓여 있던 벤치에 와 앉았다. 그는 거기 앉아 무엇을 먹지도 졸지도 않았고 전화를 하거나 책을 읽지도 않았으며, 그저 멍하니 앉아 있었다. 나처럼 분수를 바라보는 것도 아니었다. 혼자인 노인들 몇만 오는 공원이라니. 그것이 서글프다기보다 조금 낯설고 시원한 감각으로 다가왔다. 내가 한국에서 자주 지나치는 탑골 공원에서는 누군가 트로트 멜로디를 틀어놓거나 바둑을 두며 훈수를 두며 거기 모인 모두가 친구가 되는 시끌벅적한 분위기가 있었으니까. 헤이와 공원 속 노인들은 무리지어 있지도 않았고 혼자인 자들끼리 친구가 되지도 않았다. 혼자 와서 아무것도 하지 않고 혼자인 채로 있다가 공원을 나서곤 했다. 노인이 되어도 소유할 수 있는 공원 속의 고독이 그들을 단지 노인이 아닌 시시각각 존재하는 한 인간으로 보이게 했다.

  분수를 보러 와서 분수 대신, 작동하지 않는 분수를 닮은 앙상한 체구의 노인들을 지켜보았던 오후. 노인들의 기억 저편을 상상해보며 나보다 풍성한 분수의 이미지를 지닌 채 이곳에 존재하고 있을 저들이 부러워지기도 했던 그날을 떠올린다. 내부도 나무로 빽빽했던 공원에 앞뒤로 시원한 바람이 불어왔었다. 나는 할아버지 둘과 함께 그 공원에 앉아 혼자로서 맞는 바람을 온전히 느꼈었다. 낮에 먹었던 카레도 카레의 열기도 다 식었고 카레 가게로부터 공원까지 한 시간도 채 지나지 않았음에도 몇십 년은 지나온 기분이었다. 언젠가 헤이와 공원을 다시 방문한다면, 그때는 놀이공원의 기쁨처럼 현재처럼 이곳의 고독을 잠깐 잠재우며 솟구치는 분수를 볼 수 있을까. 아마 그것을 보게 된다면, 환하게 부서지는 분수보다 마른 분수 바닥을 먼저 보았던 나는, 그침을 먼저 체험했던 나는, 노인에서 젊은이가 된 기분으로 뒤엉킨 시간대 속에서 할말을 잃지 않을까.

두 노인보다 참을성이 없는 나는 먼저 공원을 빠져나왔다. 그들이 요즘에도 헤이와 공원에 가 자주 산책을 할까, 혹은 멍하니 앉아 있을까 종종 생각해보는 요즘이다.

10월 28일

시

구 히로사키 시립 도서관

 빛은 왜 항상 빛이 거두어졌던 쪽으로 되돌아오게 되는 걸까.

 사라진 곳이 완전히 사라지려면 얼마나 많은 시간이 필요한 걸까.

 이곳은 오래전 도서관이었던 곳
 누가 앞서 읽었을지 모를 책을 누가 전에 앉았을지 모르는 책상에 앉아
 이어 읽던 곳이고
 그럼에도 책상 곁에서 흔들리는 나무 그림자가
 그림자의 어둡고 환한 현재가 그것에 관해서는 조금의

힌트나 아쉬움도 주지 않았을 곳일 테지. 창밖으로

흐드러진 여름 나뭇잎들이 부딪치는 소리가 들려.

지금은 몇 권의 책들밖에 남지 않았지만
연둣빛으로 칠해진 문간들 사이를 지나다니는 도서관의 유령에 대해 생각해.

유령은 한낮의 도서관 계단과 도서관 분류표 그리고 도서관 책상에 앉아 있던 수많은 히로사키 사람을 좋아하지.

조금 전 누가 오르내렸을지 모를 계단을 지금의 내가 오르내리고 있다는 것
백년 전 누군가 오르내렸을 계단을 백년 뒤 누군가 여전히 오르내리고 있다는 것
유령은
계단만큼 도서관의 소장 책들과 비슷한
구조의 공간이 있을까
여러 명의 손끝이 하나의 책 하나의

페이지에 묻듯

수많은 사람의 발자국이 저 계단들 사이사이 지워지지 않는 자국을 남기고 있다고

그건 언젠가

이 구 시립 도서관이 철거되는 날

원목 계단을 부수더라도 계단이 나무 냄새 나는 작은 가루들이 되더라도 그러니까 계단이 더이상

계단 아닌 것이 되더라도 사라지지 않을 빛이라고 느껴.

나는 계단을 내려와 도서관의 유령과 함께 언제 누가 앉았을지 모를 책상에 앉아봐.

매해 지치지도 않고 돌아오는 여름이 창밖에서 이 안으로 쏟아져들어오는 것을 막지 않은 채

앞으로도 절대 사라지지 않을 나뭇잎의 흔들림을

언제고 되돌아오는 찬란한 상처를 바라봐.

누군가의 마음에 났던 긁힌 자국을 이어 읽게끔 하는 도서관을 이 잔인하고 따뜻한 공간을

내 두 발이

현재가

끝없이 걸어다녀보고 있어.

10월 29일

에세이

화과자와 항구 공원

아침 산책을 하다가 화과자 가게에 들렀다. 오래된 유리문 앞에는 손글씨로 쓴 종이 여러 개가 붙어 있었는데, '사과 화과자'와 '바나나 화과자' 등의 붓글씨가 세로로 된 와시에 씌어져 있었다. 고전적인 글씨들도 인상적이었지만, 그보다 눈에 들어왔던 것은 입구 바로 옆에 붙어 있던 '창업 메이지 26년'이라는 소박하지만 자신감이 느껴지는 글자였다. 메이지 26년이면 1893년부터 시작된 가게라는 뜻이었다.

나는 약간 긴장한 채 가게 문을 열고 들어갔고, 유리 쇼케이스 안에 놓인 두 가지 종류의 화과자를 보았다. 가게 안에는 어떤 음악도 조명도 (자연광에 의지한 가게였다) 없었다. 내가 들어서자 안쪽에서 아주머니 사장님 한 분이 나와 맞아주었다. 오래된 쌀가게나 참기름가게라고 해도 믿을 것 같은 분위기. 생활의 지난함, 동시에 오직 지난함에서만 발견되는 나이든 고상함을 지닌 내부였다. 사과 화과자와 바나나 화과자는 사과 모양과 바나나 모양으로 만들어져 있었다. 바나나는 얇은 흰 종이로 한번 더 싸여져 있었고 양끝은 사탕처럼 돌돌 말아져 있었다. 명칭은 화과자였지만 형태적으로는 모나카와 더 비슷해 보였던 과자들. 나는 사과 하나와 바나나 하나를 사 들고 가게를 나섰다.

짧게 머물렀지만 그곳에서 받았던 인상 때문일까, 나는 이것들을 조금 특별한 장소에서 꺼내 먹고 싶어졌다. 고민하다가 구글 지도로 내가 서 있는 곳에서 바다와 가장 가까운 곳이 어딘지 찾아보았다. 그러다 화과자 가게를 기준으로 이삼십 분 정도 걸으면 항구 공원인 츠츠미가와 료쿠치 공원이 나온다는 것을 알게 되었다. 내가 내 발로 혼슈의 끝 지점을 가보는 날이 오다니. 물론 아오모리현의 테두리는 다양하니까 이 공원이 유일한 육지 끝은 아니고 항구도, 항구 공원도 무수하게 많지만 이 끝을 스스로 한번 가본다는 것이 의미 있었다.

 별 생각 없이 걷기 시작했는데 배 여러 대가 정박된 항구 입구에 들어서자 생각보다 편안하고 쉬운 길은 아니라는 것을 알게 되었다. 인도와 차도가 따로 구분되어 있지 않아 저편에서 오는 차를 조심해 걸어야 했고, 그렇다고 오른쪽에 붙어 걸으면 바다에 빠질 위험이 있어 여러 가지를 고려해 걸어야 했다. 이미 이만큼 걸어온 이상 돌아갈 수도 없었다. 그러나 이런 불편함에도 불구하고 항구 가득 불어오는 바람과 아침 햇빛을 받아 잔잔하게 흔들리는 수면, 정박되어 있는 선박들에게서 느껴지는 생활감이 좋아 항구 공원으로의 걸어갈 수 있었다. 바다 위쪽으로 거칠게 솟은 산과 붉은 크레인들이 보였다.

 그렇게 거의 도로에 가까운 길을 걷던 나는 드디어 츠츠미가와 료쿠치 공원에 도착할 수 있었다. 공원은 항구를 따라 산책할 수 있는 콘크리트 길과 완만한 언덕으로 이루어져 있었다. 언덕에 오르면 이 모든 것을 전망할 수 있는 정자에 앉을 수 있었다. 나는 언덕을 올라갔다. 이른 시간이라 나 혼자일 거라 예상했는데 이미 그곳에 앉아 수평선을 바라보고 있는 아저씨가 보였다. 정자 옆에 세워둔 자전거와 함께였다. 나는 그와 좀 떨어진 곳에 자리를 잡고 앉았다. 화과자 두 개를 꺼내 무릎에 올려둔 채 눈앞에 펼쳐진 풍경을 바라보았다. 넓게 펼쳐진 수평선 바깥으로 저 멀리 진한 색의 큰 섬이 보였고 아마 저것이 홋카이도 같았다. 혼슈의 끝 지점에 와 홋카이도를 바라보고 있다니. 이 순간이 너무나 비현실적이고 아름다워 화과자를 먹는 것도 잊었다. 내가 정말 한 세계의 끝에 와 있구나, 세계의 끝이라고 다 춥거나 날카로운 것은 아니고 이 정자 주위로 길게 자란 들풀들처럼 부드럽고 맥없는 것이기도 하구나 한참 생각했다. 이윽고 아침 산책을 나온 아주머니 한 분이 정자로 또 올라왔고, 눈을 감고 바람을 느끼던 그는 좋은 기분이네, 나에게 말을 걸었다.

바나나 화과자부터 한입 베어물었다. 안에는 바나나향 흰 앙금이 들어가 있었고 생각보다 밀도가 높고 아주 달았다. 사과 화과자도 맛은 비슷했다. 안에 사과향 앙금이 들어가 있는 것만 달랐다. 생김새의 소박함에 비해 음료 없이 먹기에는 너무 달아 우선 종이 봉투에 그것들을 다시 넣었다. 화과자를 먹기 위한 장소로 항구 공원을 골랐지만 지금은 먹는 것보다 이곳에 앉아 있다는 사실이 더 중요해졌다.

겨울에 오게 된다면 아마 눈 언덕을 오를 수조차 없어 정자에 오르는 것도 이곳 전체를 관망하는 것도 불가능했겠지. 그렇지만 오르지 못하고 멀리서 바라볼 정자 또한 얼마나 멋질까 싶었다. 아주머니도 아저씨도 나도 끝없이 펼쳐진 바다와 홋카이도를 눈에 담은 채, 이야기를 더 나누지는 않았지만, 아침에 이것을 함께 보고 있다는 동질감 속에 따뜻해진 채 우리는 연결되어 있었다.

셋 중 누가 먼저 내려왔는지는 제대로 기억나지 않는다. 어쨌든 정자에서 내려온 나는 콘크리트 길을 따라 펼쳐진 공원 산책로를 걸었다. 지나는 곳마다 바로 수평선과 맞닿아 있어 마치 허공 위를 걷는 기분이었다. 딛고 서 있는 것은 분명 육지인데 보이는 곳마다 푸른 물로 가득해 약간은 아득하고 무서워지기도 했다. 콘크리트 길은 더 오래 걷지 못하고, 다시 발걸음을 돌려 육지와 가까운 쪽 아오모리 시내의 중심부로, 혼슈의 안쪽으로 걸음을 옮겼다. 수평선을 보고 온 다음이라 그런지 처음 공원으로 향했을 때 걸었던, 위험하게만 느껴지던 인도 차도 구분이 없는 도로가 꽤 안전한 길로 느껴졌다.

지금도 종종 정자에 올라 또 콘크리트 항구 길을 따라 혼슈의 끝 지점에 서 있었던 순간이 떠오르곤 한다. 나의 두 발로 세계의 끝을 향해보았던, 그리고 두 조용한 어른과 함께 흔들리는 들풀 사이에서 화과자를 먹었던, 세계의 끝이라는 수식어에 비해 평온하고 평범했던 그 순간이. 나로 하여금 그래도 내가 먼 곳으로 갔다가 되돌아온 적이 있다는, 나만 아는 용기가 되어줄 순간이.

10월 30일

시

사랑

 야 키 토 리
 내 한국어 글자 위로 당신은
 や き と り 당신이 아주 잘 아는 글자를 장난처럼
 흐릿한 전등 아래 흔들리는 것처럼 써내고 나는 알지 못
하던 이야기가 내 피부로 쏟아져들어오는 피곤함을 느껴요.

 나는 내 피의 색을 알고

 피부가 긁히고 쓸릴 때 솟구치는 피의 모양을 글자의 획
처럼 미묘하게 끓고 꺾이는 각도를
 이미 알아요. 다른 피가 섞이기에
 나의 피부는 조금은 강하고 조금은 약하죠. 잠들었던 모

든 육지가 깨어나는 피로를 처음 겪어본 것은 아니지만

  나는 내가 이렇게 넓다는 것을 내 육지의 끝에 서서
  깊이가 가늠되지 않는 지평선을 바라보면서 알게 되었어요.

  항구의 끝에
  내가 끝나는 지점에
  당신이 달아둔 전등으로 날벌레들이 몰려들고 벌레는 당신의 일본어처럼 날개를 둥글게 접고
  때때로 조금 펴고 날아다녀요.

벌레에게 물린 피부는 내가 전에 본 적 없던 글자의 모양

공부하고 싶지 않아요.

알고 있지만 알고 싶어요.

10월 31일

편
지

사랑하는 사람처럼, 미워하는 사람처럼
신경쓰게 된 도시예요
─곧 겨울이 찾아올 아오모리에게

 도시에게는 반말을 해야 할지 존댓말을 해야 할지 잘 모르겠지만 왠지 저는 너무 사랑하는 존재에게는 존대를 하고 싶어져요. 최대한 말끝을 흐리며 긴 문장을 말하고 싶어집니다.

 제 인생에 사람처럼 마음을 쓰게 되는 것이 가끔 등장하곤 하는데요. 대표적으로는 이십대에 다녔던 학교가 제게 그러했고, 2021년에 출간한 첫 시집이 그러했어요. 시집은 제 손안에 들어올 만큼 작고, 학교는 그보다는 크지만 아오모리의 면적에 비할 바는 아니죠. 이렇게 범위가 큰 대상을 그러니까 도시 전체를 사람과 같이 사랑해본 적은 없었어요. 우연찮게 자주 가게 되어 느린 웃음을 짓게 되는 애

착 도시, 가본 적 없음에도 제게 꿈처럼 남아 있는 상상 속의 도시는 있었어도 생각만 해도 긴장되고 마음이 아픈 도시는 없었어요. 아오모리를 생각하면 이미 낭비하고 탕진해버린 행복으로 마음이 꽉 막히고, 동시에 순수한 즐거움으로 다시 밝아집니다. 서울에 돌아오고 한동안은 이곳이 아오모리가 아니라는 사실을 견디기가 어려웠어요. 밤늦게 어딘가를 걸어도 초록 불빛이 들어오는 삼각형의 아스팔 건물이 보이지 않고, 해와 비를 가려주는 아케이드형으로 이어지던 신마치의 정돈된 느낌이 어디에도 없었죠. 베이지색과 연두색으로 칠해진 아오모리 시내 버스가 없었어요. 교통 카드인 아오패스를 사용할 수 없었어요. 킷사에서 담배를 피우는 할머니들도 재즈 카페를 운영하던 구십 세의 할아버지도, 구식 호텔의 직원도, K도, 모자를 쓴 JR 기관사도 없었어요.

서울에서 태어나고 자란 저는 분명 서울을 무척 사랑했고, 그 사랑이 아주 두근거리는 형태는 아니었음에도 다른 곳으로의 이주는 생각해본 적이 없을 정도로 확신에 찬 마음이었어요. 아무리 멀고 좋은 곳에 여행을 가게 되더라도,

그보다 돌아갈 곳이 있다는 게 좋았거든요. 좋아하는 도시는 많았지만 제가 서울에 있다는 것에 약간의 슬픔이라도 느끼게 만드는 도시는 없었어요. 모든 도시와의 균형을 잘 잡아왔었죠. 제가 살아온 곳이고 앞으로도 살아갈 곳이라고, 다른 선택지는 없다고 여겼으니까요. 당분간 거주지의 이동이 없을 거라는 안정감이, 예측 가능함이 요즘에는 저를 자꾸 사무치게 만듭니다. 그러곤 곧, 아오모리에 살게 된다면 어떨까, 그렇다면 그것을 위해 내가 정리해야 할 한국에서의 삶과 서울에서의 삶에는 무엇이 있을까, 내가 떠나 있어야 할 가족과 친구들, 출간되자마자 바로바로 읽을 수 있는 한국 문학들, 너무나 편안하게 사용하고 있는 지금의 언어에 대해 생각하게 되었어요. 한구석이 시큰해지면서 막막한 마음과 초연한 마음이 동시에 들었고, 이건 큰 문제가 아닐 수 있겠지만, 저로서는 초연함이 이렇게나 높은 비율로 올라왔다는 사실이 스스로 두렵기도 했어요. 하지만 제가 감당하게 될 수도 있을 미래를 초연히 바라보는 마음은 저를 안심시켜주기도 했죠. 완전히 반대항에 있는 감정들을 함께 느끼는 일이 잦아지다보니, 저는 지난 5월 이후 사실 피로감을 많이 느꼈습니다. 어떻게 써도 정확한 제 마음이 아닌 것 같았고, 띄엄띄엄 남아 있는 이미지들을 연결시키는 일도 아오모리에 대한 제 진지함에 비해 너무 간단하게 기계적으로 진행되고 있는 것 같아 글쓰기는 자주 중단되었죠. 감정 자체가 거센 파도처럼 휘몰아쳤다보니 애초에 첫 문장으로 들어가는 것 자체가 어려웠고요. 아무래도 저는 이제 아오모리를 사랑하는 사람처럼, 미워하는 사람처럼 신경쓰게 되어버린 것 같아요.

서울은 이제 10월 31일, 하루만 있으면 11월이 되고 초겨울이 찾아옵니다. 아오모리에도 겨울이 찾아오겠죠. 아오모리는 일본 전역에서 적설량이 가장 많은 도시로 유명하지요. 사실 그래서 겨울에 처음 가보고 싶었어요. 올해 5월, 훌쩍 아오모리로 떠나버리지 않았다면 아오모리의 수많은 공간과 자연과 사람을 만나는 일은 없었을 것이고, 아오모리를 이렇게 사랑하게 될 일도 없었을 텐데요. 역시 인생이 흘러가는 방향을, 저의 전체를 환하게 꺾어버리는 말할 수 없는 에너지를 스스로 조정할 수는 없는 일이라고 생각하면 무력해지기도, 미소가 지어지기도 해요. K는 '이곳, 정말 눈이 굉장하기 때문에' 겨울의 아오모리를 추천하지 않는다고 이야기했지만, 저는 그래서 더욱이 겨울의 아오모리를 걸어보고 싶어요. 방수 부츠를 신고 앞서 걸어간 사람들의 발자국을 따라 걸어가면서, 넘어지지 않기 위해 균형을 유지하면서 눈밭 속을 조심스레 걸어보고 싶어요. 코트에 쌓인 눈을 털어내며 들어가게 될 킷사와 식당과 이자카야에서, 겨울옷을 입은 아오모리 노인들과 마주하고 싶어요. 봄과 여름에는 네부타 축제 이야기가 화제가 되었지만 겨울에 가면 아오모리의 눈이 우리들 대화의 화제가 되겠죠. 이 눈을 어린 시절부터 보아왔을 아오모리 토박이 노인들에게, 그들의 어린 시절과 뇌리에 남아 있는 오래전의 눈 이야기도 들어볼 수 있을 거예요. 그것을 들으며 국물 많은 요리와 뜨거운 요리를 후후 불어가면서 먹어보고 싶어요. 실내에서도 아직 차가울 코를 두 볼을 느껴보고 싶어요. 눈 쌓인 나무들이 내다보일 아오모리 삼림 박물관과 아오모리 은행 기념관의 흰 창을, 눈 쌓인 항구가 멀리서 반짝일 구식 호텔의 창을.

아오모리가 제게 성큼 걸어올 일은 없을 테니까 언제나 성큼 걸어나가는 쪽은 제 쪽일 거예요. 실제의 아오모리로 걸어나가는 일도, 그리움으로 남아 있는 아오모리의 이미지 한가운데 혼자 뚜벅뚜벅 걸어나가는 일도요. 자주 방문하지 못하는 곳에 그럴 필요까지는 없다는 것을 알고 있지만, 이건 필요와는 무관한 일이지요.

편지가 두서가 많이 없죠. 그래서 제가 아오모리, 이 편지를 받게 될 도시인 당신에게 하고 싶은 이야기가 무엇이냐 하면 저도 잘 모르겠어요. 보고 싶고 만나고 싶다는 말 외에 무슨 말을 할 수 있을까요. (제게 큰 의미인 도시가 되어주어서 진심으로 고맙다는 말과 함께요.)

언젠가의 겨울, 조금 빠르다면 올해가 될 수도 있겠고 그것이 아니라도 너무 늦지 않게, 겨울에 만나러 갈게요. 당신 곳곳에 제 발자국을 찍으며, 만나고 있음에도 벌써 만나고 싶다고 생각하면서, 엄청난 겨울 옷의 무게와 엄청난 양의 눈밭 속에 이 시간이 조금은 피곤하고 거추장스럽다고 느끼면서도, 진짜인 사랑 속에 살아 있다고 느낄 제 모습이 그려져요.

그때까지 잘 지내요. 그럼, 곧 만나요.

겨울이 되기 하루 전, 연덕 드림

아오리 아니고 아오모리
ⓒ 김연덕 2025

초판 1쇄 인쇄 2025년 9월 22일
초판 1쇄 발행 2025년 10월 1일

지은이 김연덕

책임편집 유성원
편집 권현승 정가현
표지디자인 한혜진 **본문디자인** 이원경
저작권 박지영 형소진 주은수 오서영 조경은
마케팅 정민호 박치우 한민아 이민경 박진희 황승현 김경언
브랜딩 함유지 박민재 이송이 박다솔 조다현 김하연 이준희
제작 강신은 김동욱 이순호
제작처 영신사

펴낸곳 (주)난다
펴낸이 김민정
출판등록 2016년 8월 25일 제406-2016-000108호
주소 10881 경기도 파주시 회동길 210
저작권 및 독자 문의 copyright_nanda@munhak.com
작가 섭외 및 행사 문의 innanda@munhak.com
인스타그램 @nandaisart **페이스북** @nandaisart **엑스** @wingedpoems
문의전화 031-955-8865(편집) 031-955-2689(마케팅) 031-955-8855(팩스)

ISBN 979-11-94171-93-5 03810

○이 책의 판권은 지은이와 (주)난다에 있습니다.
○이 책 내용의 전부 또는 일부를 재사용하려면 반드시 양측의 서면 동의를 받아야 합니다.
○난다는 (주)문학동네의 계열사입니다.
○잘못된 책은 구입하신 서점에서 교환해드립니다.
기타 교환 문의 : 031-955-2661, 3580